道徳科授業サポートBOOKS

石丸憲一／土居正博 著

「ザワつく」道徳授業のすすめ

「問題の本質」を見極めるとうまくいく！

明治図書

JN041611

はじめに

　ここでは何よりも『「ザワつく」道徳授業のすすめ』という怪しい，流行り言葉に乗っかったような，軽々しいタイトルをつけたことの説明（言い訳）をしなければならないと思うのだが，一言ではいえない深い理由があるので少々長くなる。面倒かもしれないが読んでいただければ幸いである。

　毎日テレビから流れてくるニュースを見ていると，昔からあったような悲しい出来事や事件もまだまだ起きていることがわかるけれど，一昔前には想像もできなかったような出来事や事件が多くなっていると感じられる。ちょうどこの原稿を書いている「今」は，振り込め詐欺をしていたグループがさらにそこで得た情報を使って，老人を狙った押し込み強盗をしていたというニュースが繰り返し報道されている。ロシアによる悲しみに満ちた軍事侵攻のニュースも報道されない日はない。いけないと思いながらも，そういったニュースが流れると目を伏せてしまう弱い自分がいる。私たちはそういった問題に対して何もできないのかもしれないけれど，唯一できることは，目を伏せないで直視することなのに。そして，もしかしたら日本中の，世界中の人が勇気をもって目を伏せずに直視したら世の中が変わるかもしれないと思いなおして，視線を上げてニュースに目を向ける。

　道徳の時間の授業がうまくいっていなかったから，大人になった日本人の心が荒んだなどということは全くないだろうし，道徳科の授業がよくなったら心が豊かになってパッとよい国に変わるということもないだろう。しかし，その変えていく兆しのようなところは，やはり子供たちがもっているのであり，私たち教師はその背中をちょっとだけ押してやらなければならない。

　そして，道徳科の授業でのその「背中押し」は，直視する授業をすることだと私は考えている。よい現実にも，よくない，悲しい，辛い現実にも目をそらさず直視し，自分に何ができるかを考えることで，子供たちの奥底に自分への責任，家庭への責任，社会への責任……が生まれるのである。反対に，直視しないでいると現実から逃げ，問題を解決しないで人任せにする姿勢が

つくられてしまう。

　さて，私たちがこれまでにしてきた道徳授業は，考えなければならない問題を直視する授業だっただろうか？　もちろん，日本中のほとんどの先生が多忙ななか，一生懸命準備をしてよい授業をしようと努力していることは間違いないし，本当に頭が下がる思いである。そのなかで，子供たちに直視することを求め，実際にそうなっている授業も確かにあるのだが，多くの教室では，残念ながら直視させているつもりだけれど実はできていない現状があると捉えている。そして，その多くの授業では，子供たちのなかにある「わかりきった」道徳観を再現させるところまでの授業になっている。

　道徳授業に関わりながらこの問題に気づき，問題の根源がどこにあるのかを考えてきた。その結果，「考えなければならない問題を直視する授業」をするうえで，まずは「考えなければならない問題」（本書では「問題の本質」としている）が見えていないことを克服する必要がある。そして，次にどうしたらその問題を「直視する授業」になるかを考える必要がある。

　本書では，「考えなければならない問題を直視する授業」をすると子供たちの心にザワザワと波風が立つとしている。波風が立たないのもだめだし，波風どころではない大波大風でもだめである。その理由は本文中に書いたので読んでいただければありがたい限りであるが，いずれにしても子供たちの心が「ザワつく」授業こそが，子供たちに厳しい現実を直視させることができるのである。そして，それをどのように具体化したら先生方の役に立つものになるかを考え，「ザワつき」を5つの型に分類し，それぞれの型での授業づくりの仕方を解説し提案した。

　読者である先生方がこれまでに実践してきた道徳授業と比べていただき，道徳授業への意気込みでも，考え方でも，あるいは授業づくりの方法，発問の仕方など僅かにでも生かせるところを本書から見出していただけたら幸いである。

　2023年5月

石丸憲一

本書の使い方

Step1

理論編（第1・2章）を納得できるまで読む

どこから読んでも興味深く読めるようになっているが，できれば第1・2章について納得できるまで読んでいただけると，本書の本質を理解できる。これまでの道徳授業の現状を理解し，何が問題でどうしたらよいかを理解しないままで実践に進んでも，それがなんのためにやっているかわからないままで実践をすることになることも十分に考えられ，手だての遂行のために手だてを実践することにもなってしまうのである。

1 道徳授業は変わったか

量的には変化したが

今この原稿を書いている時点から約5年前に「道徳の時間」から「特別の教科 道徳」に変更された。この変更による枠組みの上まず教科書が作られたこと，そして評価が明確に位置づけられたことが大きな特徴として挙げられた。教科書が作られたことによって35時間という道徳に割り振られた標準授業時数をきっちりと授業しなくてはならなくなったことは，とても大きい変化といえる。また，指導要録や通知表での所見の作成が求められたこともしっかりと35時間の授業をしなければならないことにつながっている。このように考えると道徳の時間から道徳科への枠組みの変化は道徳授業を確実に行うという量的な変化に大きく影響したといってよい。

道徳の時間の時代には年間35時間の道徳授業が確実に行われていたかといえば，「そうでもない」というのが的を射た答えといえるだろう。もちろんきっちりと35時間を道徳に使っていた先生も多い。しかし，ややもすると他の教科の遅れを取り戻すための時間に充てたり，行事等の事前学習に流用したりするケースも多かったことを考えると，「そうでもない」のだったといえるだろう。しかし，教科化され教科書を使用したり，授業の回数を板書したりするようになったことで，「やらざるを得ない」状況が生まれ，時数の確保はほぼ達成されたといってよい。

質的な変化は起きたのか

では，質的な変化は起きたのか。何をもって「質」とするか，人によって様々な見方があると思うが，ここでは主発問（中心となる発問）の質に注目してみたい。なぜ主発問の質かといえば，道徳科の授業は「考え議論する」べきと言われており，考え議論するためには考え議論するのに耐える課題（発問）が設定されなければならないこと，そして，その課題ももっぱら主発問が担っていることによる。そうであれば，道徳科の主発問が道徳の時間の主発問よりもより考え議論することを可能にするようになっているのでな

014

第1章で，道徳授業は子供一人一人に応じた成長を保障するものであること，そして，子供たちの心がザワザワする「ザワつく」程度の波風を立てることが重要であるとの提案をした。第2章では，「ザワつく」道徳授業を実践レベルで考えることができるようにするために，より具体的に述べていきたい。

1 「ザワつく」道徳授業と「問題の本質」

「ザワつく」道徳授業により授業はどう変わる

まずは，「ザワつく」道徳授業が目指すものを明らかにしておく。

「ザワつく」道徳授業とは，子供たちの心にはどよい波風を立てるものであり，それはより考えることを促すものだということを述べたが，それにより授業はどう変わるのか。心に波風を立てるには，疑問を抱いたり判断に迷っていたり，不信感や反感を抱いたりする部分に働きかけ，子供たちの心を揺さぶることが必要である。

心を揺さぶられることによって，子供たちは問題を「自分事」として捉えて，それについて考えるようになるのである。現在，道徳授業だけでなく，様々な教科において子供が自分事として考える用語が飛び交い，自分事として考えることにより，より問題に迫れるというような授業が多く見られるが，そもそも自分事として考えるとはどういうことなのだろうか。

私たちがどんなときに，どのように他人事を自分事として考えるようになるか，自分の経験から考えてほしい。気候変動により自然災害の様子をテレビで見ることが多くなったように思うが，そのときのことを例に，順を追って考えてみる。

①テレビで災害に遭った被災者の様子が流される。
②大変だと思う。
③被災者を自分に当てはめて考える。
④いたたまれない気持ち，悲しい気持ちになる。
⑤何かしてあげたいという気持ちが起きる。

032

第1章 p.14   第2章 p.32

Step2

第３章を踏まえて第４章の授業づくりを実践する

or

第３・４章を往復しながら読み深め，実践する

　第１・２章を読んで，すぐに自分なりに「問題の本質」をつかむことができるようになった方は，第３章は参考程度に踏まえていただき，第４章の授業づくりの仕方を参考にしながら自分の授業を考えるとよいだろう。

　教材を前にして，「問題の本質」がなかなか見えてこない方については，第３章の「問題の本質」のタイプについて理解したうえで，授業しようとする教材について「問題の本質」のどのタイプかを探したり選んだりすることで，「問題の本質」を絞り込むことができる。

第３章 p.50	第３章 p.51

第４章を読み，まずは２つの効果的な方法を試みる

　第４章は，具体的な教材に対してどのような手順で教材研究をすれば，「問題の本質」をつかみ，授業づくりをしていけるかを示している。余裕があれば，第２章３②「教材のなかの道徳的価値の関係から考える」，③「『ポジティブな本音』と『ネガティブな本音』から考える」についても取り組んでいただけたらと考える。

　とはいえ，毎日の授業をしながら教材研究の時間を生み出すことが難しい状況にあることを踏まえれば，第４章で示した「教材分析表にまとめること」と，「わかりきったこと」と「迷っている・納得していないこと」から「問題の本質を捉えること」の２つを最低限で効果的な方法として試みていただきたい。

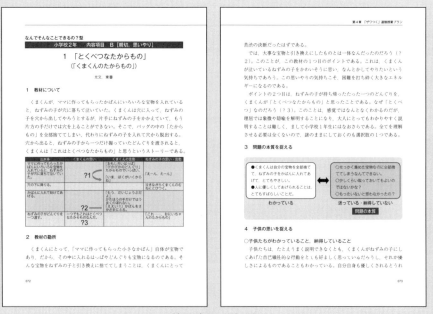

第４章 pp.72-73

そして，その結果から主発問を考え，さらに，補助発問，教材に描かれた状況を把握するための発問，導入，まとめ・振り返りと授業構想を練っていけばよいだろう。

Step4

第5章の7つのTipsで「ザワつく」道徳の授業力を磨く

Goal!!

クラスが「ザワつく」授業づくりへ……

第5章では，板書，話し合い活動，タブレット端末活用，役割演技などの7つのTipsを紹介している。うまくいかないとき，さらに授業力を磨きたいときにぜひ取り入れていただきたい「ザワつく」ワザが満載である。

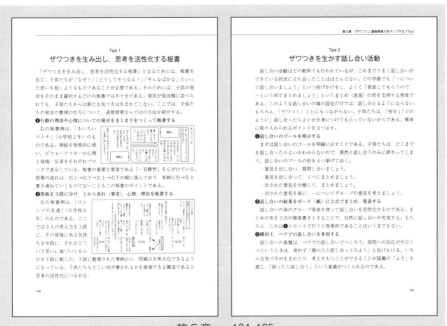

第5章 pp.134-135

目 次

第1章
「ザワつく」道徳授業とは

第2章

「ザワつく」道徳授業と「問題の本質」

第3章

「問題の本質」の5つの型

第4章
「ザワつく」道徳授業プラン

第5章
「ザワつく」道徳授業力をアップする7Tips

第 1 章

「ザワつく」道徳授業とは

1　道徳授業は変わったか

量的には変化したが

　今この原稿を書いている時点から約5年前に「道徳の時間」から「特別の教科　道徳」に変更された。この変更による枠組みの変化はまず教科書が作られたこと，そして評価が明確に位置づけられたことが大きな特徴として挙げられる。教科書が作られたことによって35時間という道徳に割り振られた標準授業時数をきっちりと授業しなくてはならなくなったことは，とても大きい変化といえる。また，指導要録や通知表での所見の作成が求められたこともしっかりと35時間の授業をしなければならなくなったことにつながっている。このように考えると道徳の時間から道徳科への枠組みの変化は道徳授業を確実に行うという量的な変化に大きく影響したといってよい。

　道徳の時間の時代には年間35時間の道徳授業が確実に行われていたかといえば，「そうでもない」というのが的を射た答えといえるだろう。もちろんきっちりと35時間を道徳に使っていた先生も多い。しかし，ややもすると他の教科の遅れを取り戻すための時間に充てたり，行事等の事前学習に流用したりするケースも多かったことを考えると，「そうでもない」のだったといえるだろう。しかし，教科化され教科書を使用したり，授業の回数を板書したりするようになったことで，「やらざるを得ない」状況が生まれ，時数の確保はほぼ達成されたといってよい。

質的な変化は起きたのか

　では，質的な変化は起きたのか。何をもって「質」とするか，人によって様々見方があると思うが，ここでは主発問（中心となる発問）の質に注目してみたい。なぜ主発問の質かといえば，道徳科の授業は「考え議論する」べきと言われており，考え議論するためには考え議論するのに耐える課題（発問）が設定されなければならないこと，そして，その課題はもっぱら主発問が担っていることによる。そうであれば，道徳科の主発問が道徳の時間の主発問よりもより考え議論することを可能にするようになっているのでな

ければ，授業自体を変えることは難しい。ここでは，小学校の教材として定番となっており複数の教科書に掲載されている「絵はがきと切手」（「大きな絵はがき」という教材名になっている教科書もある，小学校中学年対象）を取り上げ，各教科書会社がどのような主発問を設定しているかを例示されている年間指導計画に見てみることにする。

「絵はがきと切手」についてざっとあらすじを紹介しておく。主人公ひろ子に長野県に転校した友達の正子から大判の絵葉書が届く。普通葉書の料金分の切手しか貼っていなかったので兄が不足料金を支払ってくれ，正子にちゃんと料金不足のことを教えてあげるように言われる。母の「お礼だけ言っておきなさい」という言葉との間でひろ子は悩むが，考えた末「正子さんならわかってくれる」と思い，手紙を書こうと決心する，という話である。話の流れから考えると，当然，ひろ子が料金不足のことも含めて手紙を書こうとしたところに焦点を当て，どうして伝えようと思うようになったかを問うことが推測できる。各教科書会社の考えている主発問は下表の通りである。なお，予想される反応は，稿者が考えたものである。

	主発問	予想される反応
A社	ひろ子は，どんなことを考えながら手紙を書き始めたのでしょう。	・教えてあげるのが本当の友達だ。 ・同じ失敗をしないように教えてあげないと。
B社	どんな思いから，ひろ子は手紙を書き始めたのでしょう。	・教えてあげるのが本当の友達だ。 ・同じ失敗をしないように教えてあげないと。
C社	ひろ子は，料金不足のことをどうして手紙に書こうと決めたのか，考えてみましょう。	・教えてあげるのが本当の友達だ。 ・同じ失敗をしないように教えてあげないと。
D社	ひろ子が「やっぱり知らせよう」と思ったのはどんな考えからかを想像	・教えてあげるのが本当の友達だ。 ・同じ失敗をしないように教えてあ

	し，話し合う。	げないと。
E社	ひろ子はどんなことを考えて「分かってくれる」と思ったのでしょう。	・友達だから気持ちは伝わる。 ・言いにくいことも教えてあげるのが本当の友達だ。
F社	あなたがひろ子と同じような絵はがきをもらったら，どうしますか。理由も考えましょう。	・友達のためだから教えてあげる。 ・教えてあげるのが本当の友達。 ・言いにくいから言わないかも。

　A～D社はほぼ同じ内容の発問であり，予想される子供の反応も似たものとなる。本当の友達ならば，友達のことを思って言いにくいけれども教えてあげるのがよいという考えにまとめることができるだろう。E社の発問については，A～D社の発問の前段階の主人公の思いを問うもので，子供たちから出される考えは似たものになると考えられる。F社は，場面についてはA～E社と同じ場面であるが，「自分だったら」を問うことで，わざわざ教える必要はないという意見を積極的に取り上げて，意見の対立の中からより正しい行動のあり方を導き出そうとするものである。A～E社のものよりは踏み込んだ話し合いになるだろうが，その後をうまく引き出せなければ，同じような終わり方になるだろう。

　A～F社の主発問は，多少のアプローチの仕方の違いはあるものの似たもので，同じところを目指したものといってよい。そして，その目指すところは，本当の友達なら相手のことを考えて教えてあげるべきだというもので，異論を唱える子供はほとんどいないと思われる。ただ，躊躇なく教えてあげると考える子供と，気持ち的には言いにくいこともあるけれど教えてあげるという二通りに分かれはするが，いずれにしても教えてあげることが最善と考えるのである。このことは，もちろん話し合いのなかでそこに導かれることもあるが，多くの読み手である子供たちは，文脈からそうするのがベストだと感じ取っており，授業での話し合いはもともとあった考え方を強化するものに留まってしまう。

発問自体が変わっていないから授業が変わらない

　問題は，これらの主発問によって，既に子供たちのなかでお決まりのフレーズとなっている回答を引き出す一連の活動が，「考え議論する」ものになり得るかということである。この教材は「友情・信頼」という内容項目の設定で授業が行われるので，「友達だったら」という価値づけがされることは教師にとっては都合がよい。そして，「自分が多少辛い思いをしても友達のためなら」という言葉を引き出せば，十分に子供たちを目指す道徳的価値に引き上げたと思えてしまう。

　しかし，本当にこれで子供たちにとってこれから生きていくうえで必要な考える活動をさせてあげていることになるだろうか。考え議論することを求められているのに，誰もが最善と思う一答が既に子供たちのなかにあって，教師が言ってもらいたいときに言ってくれるような授業である。全く子供のためになっていないとは言わないが，どう考えても稿者には最善とは思えないのである。そして，これが教科化以後の実情である。

　では，この教科化以後の状況は，それ以前，道徳の時間のときとは変わっているのかに触れておく。ここまで言えば，読者のみなさんは，「変わっていないのだ」ということに気づくだろう。その根拠を示そう。「絵はがきと切手　指導案　平成」というキーワードでネット検索してみてほしい。そうして出てきた指導案のなかの主発問を見るとほぼ全てが，

　「やっぱり教えようと決めたのはどうしてだと思いますか」

に近いものである。どういうことか。結果からいえば，教科化前と教科化後での主発問はほぼ変わっていないといえるのである。このことは，このようにして理屈っぽく立証するまでもなく，数十校の校内研究での研究授業に立ち会ってきた稿者が常々感じてきたことなのである。

　もちろん，主発問をきっかけになんとか考え議論する授業にしたいと授業者は考えているので，より丁寧に子供たちの考えを聞き，議論をふくらませようとしてはいるが，稿者から言わせれば，「無駄な抵抗」である。子供たちの求める答えが1つに収束しているのであれば，多様化したくてもできな

いのである。よって，予定調和の授業で終わってしまう。しかも，そのことに教師自身が気づき始めているので，教科化当初はなんとかしなければという粘りが見られたが，最近は開き直ったかのように，教科化前に戻ってしまっている。こんな物言いをすると，稿者が先生方に悪口を言っているように聞こえるかもしれないが，決してそうではない。変化前と変化後の変え方をしっかりと示されなかったことが悪いのだ。本書が指摘し改めたいことはそこにある。

2　なぜ変わらないのか

なぜ変わらないかを考えよう

　教科化はされたが授業があまり変わっていないことをやや厳しく指摘したが，大事なことは，これからでもよいので授業を変えることである。今からでも全く遅くない。しかし，最後のチャンスでもある。この変わっていない状態がもっと長くなると，「これでよかったのだ」ということで落ち着いてしまい，結局**変われない**ことになる。だから，教科化されて5年ほどの今，稿者は一石を投じている。

　問題解決のための一番の近道は，「なぜ問題が生じているか」を明らかにすることだ。そうでなければ根本的な解決はできない。中途半端に対処療法的なことをしてみても，結局しばらくすると元に戻ってしまうのである。このスタンスは，校内研究（研修）であっても個人研究であっても，また研究者の場合であっても全く同じである。

　では，なぜ道徳授業が変わらないかを考えよう。これも多くの学校を訪れてわかったことだが，先生方は「道徳授業を変えたい」と考えている。決して，これまでと同じでよいなどとは考えていないのである。そういう真摯な授業への向き合い方にずっと接してきたので，そのことはよくわかっているつもりである。

　では，授業を変えたいと思っているのになぜ変えることができないのか。その最大の原因は，どう変えたらよいかがよく見えていないことによるのだ

と稿者は考えている。どう変えたらよいかがわからなければ，当然ながら変えるための方法も思いつかない，あるいは，思いついたとしても結果的に誤ってしまう可能性が大きい。つまり，改善のための変化を促すためには，方法を考えるのではなく，まずはどこがよくなくて，どう変えたらよいかを明らかにしなければ変えることができないのである。

　教科化に際して，従来の道徳授業は人物の心情を考えることに終始していたというような課題が指摘され（中教審　2014），それを改善するために「考え議論する」道徳授業という提言が行われた。この指摘，提言に沿って考えれば，従来の道徳授業の課題は，子供たちに考えさせたり議論させたりすることが不十分だったということだ。先の「絵はがきと切手」の主発問をもう一度見てみよう。

「やっぱり教えようと決めたのはどうしてだと思いますか」

　この問いに対して，子供たちは次のように答えるだろう。

・友達だから。

・本当の友達だったら，友達のためになることをしてあげるべき。

・自分よりも友達のことを考えてあげる方がよい。

　このような考えを引き出すことで子供たちが十分に考え，議論したと捉えてよいのだろうか。稿者にはとてもそうは思えない。なぜなら，そういった考えを子供たちから引き出しただけでは，既にあるものを表面化させたに過ぎないからだ。それは，子供たちの道徳授業での学びの履歴にも表れている。ある教科書会社の「友情・信頼」の教材のテーマについて，小1から中3までを下記のようにまとめた。

・小学校1年　友達と仲よくする，友達を大事にする

・小学校2年　友達が困っているとき

・小学校3年　友達同士補い合う，友達のためなら嫌なことも

・小学校4年　友達同士の助け合い，友達のためなら嫌なことも

・小学校5年　友達を信じること

・小学校6年　わかり合うためには，異性との友情を培う

・中学校1年　わかり合うためには
・中学校2年　わかり合うためには，特別扱いは友情か
・中学校3年　友情を育むためには，友情と SNS での関わり

「友情・信頼」のテーマを見ると，小学校低学年では友達と仲よくすることの大切さが扱われており，その後は低学年での友情のあり方を前提として，友達にしてあげるべきことと友達としての関わり方とで構成されている。それなりの系統性が考えられており，またケースの複雑さは学年が上がることでより高まっているが，内容的にはかなりの重複があり，「道徳的諸価値の理解」が既になされている状況で授業が行われていることが多いと考えられる。そして，教師としては当然その設定のなかで授業を行うのであり，教科書会社が示した（当然，教師用指導書にも反映されている）発問で授業を行うことが多いことは想像に難くない。

まずは，授業が変わっていないことを意識しよう

稿者が様々な授業を観察してきたなかで，もちろん変わってきた部分もある。それは，導入から教材での追究に入るまでの時間が短縮されたり，これまで全ての場面について主人公の心情を押さえていたのを代表的な部分のみに絞り込んだり，また，書く活動について取りかかりやすさやよりテーマに迫るための工夫がなされたりといったところに見ることができる。大きな前進ではある。

しかし，「考え議論する」という大きなミッションを背負っていることを考えると，外堀は埋められたが，本丸までには到底たどり着いていないといえるだろう。それは，メインとなる発問が変わっていないからである。教科化前に流布していた発問をほとんどそのまま継続して使っていることについて，発問が十分な質を備えているのであれば問題ないが，そうでなければ授業自体の質も進歩していない，旧態依然としたものということになる。

そして，そこでの最大の問題は，そのことに教師自身が気づいていないということである。「これではまずい」と思うのであれば，なんとか変えなければという気持ちが働くが，気づかなければ問題があるものをそのまま使っ

ても何も気にならない。結果的に授業は道徳の時間の頃とあまり変わらないということになってしまう。だから，本書を世に出して，先生方に気づいていただきたいと考えたのである。改めて，メッセージとして整理する。

「授業はあまり変わっていません」

「考え議論する道徳授業にはまだなっていません」

「現在の道徳授業は子供たちのなかに既にある考えを顕在化することに留まっているのです」

まずは，この現状をしっかりと認識していただき，次の「どう変えたらよいか」に進んでいただければと考える。

3　道徳授業のゴールを考えよう

なんのために道徳授業をするのか

教師が現在している授業の欠点を認識しないで道徳授業を続けていることが，道徳授業を変えるうえでの障害になっている可能性があることを先に述べた。では，今している授業が目指しているものでないと知ったときに次に考えるべきことはいったい何か。

単刀直入に言うと，それは，なんのために道徳授業をするのかをしっかりと考えることである。なんだそんなこと，わかりきっているじゃないかと思われる方が多いかもしれない。しかし，「では，説明してみてください」と聞くと言いよどむ方が多いのも事実であり，満足な説明をすることが難しい概念であることに改めて気づくことになる。そして，難しい概念ではあるが，教師一人一人がしっかりと押さえておくべき特別に重要なことなのである。このことがしっかりと自分のなかで腑に落ちているかどうかが，あなたの道徳授業が子供たちの身になっているかどうかを左右している。国語の授業にしても算数の授業にしても同じことである。近年，各教科で「見方・考え方」を重要視することが学習指導要領に盛り込まれたが，このことは，これまでそのことが十分に考えられずに授業が行われてきたことへの警鐘である。国語のよさが明確にできていない教師が国語を教えていたら，算数の面白さ

を知らない教師が算数を教えていたらどうだろう。子供たちは，国語（日本語）のよさを味わいながら言葉を使うようになるだろうか？　算数の面白さを感じながら，算数・数学を学び続けるようになるだろうか？

　止まらない「○○離れ」の事の重大さに気づいたことによる「見方・考え方」の重視なのである。道徳を当てはめてみる。「道徳離れ」，これは随分前からのことかもしれないが，その内部で「道徳性離れ」が進んでいるとしたら……。ぞっとする事態である。稿者は，「見方・考え方」は簡単にいうと「そのもの・ことのよさ，面白さを理解しながら使うことができること」であると考えている。したがって，道徳科においても，道徳を学ぶことのよさや面白さを子供たちが理解し，それを生活に生かそうとするようになって初めて，「見方・考え方」を働かせたということになるのではないだろうか。

道徳科のよさ・面白さと「見方・考え方」

　では，道徳科を学ぶことのよさ・面白さとはいったいなんなのか。道徳科の「見方・考え方」を学習指導要領に見ながら考え，道徳の目指すべきことに迫っていく。

　いうまでもなく道徳科は学校における道徳教育の一部である。両者の関係は，学習指導要領の総則における道徳教育に関する記述部分と道徳科の目標部分に表されている。学習指導要領を見てみよう。

　「総則」における道徳教育の目標は次の通りである。

　道徳教育は，……自己の生き方を考え，主体的な判断の下に行動し，自立した人間として他者と共によりよく生きるための基盤となる道徳性を養うことを目標とすること。

　簡単にいえば，生きていくうえでの基盤となる道徳性を養うことが，道徳教育の目標である。一概に「道徳性を養う」ことが目標と言われても，「道徳性」を明確に説明できる人は多くないだろうから，多くの人はここで思考がストップしてしまう。もう少し具体的なものとして理解するために，「特別の教科　道徳」（道徳科）の「目標」を見てみたい。

　……道徳教育の目標に基づき，よりよく生きるための基盤となる道徳性を養

うため，道徳的諸価値についての理解を基に，自己を見つめ，物事を多面的・多角的に考え，自己の生き方についての考えを深める学習を通して，道徳的な判断力，心情，実践意欲と態度を育てる。

　道徳教育の目標である「道徳性を養う」ためには，何をすればよいか。もう少し具体的な形として，道徳科の「目標」の述部である「道徳的な判断力，心情，実践意欲と態度を育てる」と示されている。この記述を尊重するのであれば，授業のそれぞれの局面で育てようとしているのが，道徳的判断力なのか道徳的心情なのか道徳的実践意欲・態度なのかを明らかにしながら進めていく必要があるということになる。

　このことを踏まえて，ではどのような授業をしたらよいかを示しているのが，「道徳的諸価値についての理解を基に，自己を見つめ，物事を多面的・多角的に考え，自己の生き方についての考えを深める学習」という部分である。この記述は，さらに3段階に分けられる。

　①道徳的諸価値についての理解を基に，

　②自己を見つめ，物事を多面的・多角的に考え，

　③自己の生き方についての考えを深める学習

　この3段階が，理想的な道徳授業の授業過程と考えてよい。①は，教材に含まれる道徳的価値の存在に気づいたり，考えたりすること，また，教材に表れる道徳的価値の内容がわかり，大切なことだと考えていることといえるだろう。②は，道徳的価値と自分の関係を捉えたり，道徳的価値同士の関係を捉えたり，また，他者の考えから自分の考えを見直したりすることと考えられる。③は，①②を踏まえた行動をしようとする気持ちをもったり，生活をよりよいものにしようと努力や工夫をしようとしたりすることといえる。

　③として将来的な自分のあり方が示されているが，この部分にこだわりすぎると押しつけ的な道徳に近いものになってしまうし，「とにかく行動できればよい」という道徳になってしまう。このことについて，道徳授業は「できるようなる」，つまり実践力をもつところまでする必要があるのか，ということについてさらに考えてみる。

実践力と実践意欲

　教師はよりよい子供の姿を期待するし追求する傾向にあるので，道徳授業についても行動できるようになることを求める傾向にある。このことは生きていくうえではもちろん重要なのだが，道徳授業でそこまでする必要があるかは別の話である。今次の学習指導要領の前版である平成20年の学習指導要領では，「道徳の時間」の「目標」として「……道徳的価値の自覚及び自己の生き方についての考えを深め，道徳的実践力を育成するものとする」としており，述部の「道徳的実践力」が強調されている。

　「道徳的実践意欲」は，「～したいと思う」ことであり，「道徳的実践力」は，「～する（できる）こと」である。「したい」という思いは人それぞれいろいろな形であろうが，「する（できる）」は目に見える形でありほぼ決まった行動となる。授業のなかで「考えましょう」「議論しましょう」と言われてきた子供が，最後の段階で「では，これからこのようにしっかり行動しましょう」と言われたらどうだろう？　結局，最後は行動しなさいということなら，「最初からそう言えば何も議論する必要はないじゃないか」と思う子供も少なからず生まれるだろう。

　「考え議論する」というのは，単なる活動様式を表したものというだけではなく，授業のあり方を子供たちが自分たちでつくり，子供たちなりの答えを出すものにしましょう，ということなのである。そういうスタンスに立ったとき，目指すものが「道徳的実践力」ではなく「道徳的実践意欲」であることは，非常に尊いことといえるだろう。このことをベースにして，さらに道徳授業の目指すべきゴールの考え方を「本音と建前」を取り上げて探っていく。

本音と建前

　授業する側から見ると，建前よりも本音が多く出てくれることが望ましいと考える教師は多いだろう。逆に，本音ばかり主張されるようだと，それはそれで少し困るという見方もある。

　「建前」を辞書で調べると「表向きの主義・方針」（三省堂国語辞典第8

版）とある。「表向き」があれば「裏向き」があると考えるのが自然な流れだろう。それが「本音」である。「本音」は辞書では「本心から出たことば」（同上）となっている。本音が「本心」であれば，建前は本心ではないということになる。授業で建前ばかりが子供たちから出てくるということは，子供たちは本心で話していないということであり，自分と向き合うことのない授業であって，道徳授業としては全く機能していないということになる。

　では，建前は全くよいものではないかといえば，そうは言い切れない。建前を主張するというのは，本心を隠して正しいと思われることを表明することである。ということは，どうするのがよいかがわかっているということになる。つまり，道徳科の「目標」の記述でいえば，①「道徳的諸価値についての理解」はできていることになる。「理解」ができていなければ，次の段階には進めないのであるから，重要なことである。そういう見方をすれば，建前は道徳的な「理想値」であるともいえる。

「ポジティブな本音」と「ネガティブな本音」

　道徳的な「理想値」通りに行動できれば，その人が建前のようなことを言ってもそれは建前ではない。「有言実行」とでも言おうか。しかし，実際にはそんな立派なことは考えていないし，実際に行動もできないのに「こうするのが正しいんだ」のように言えば，それが建前ということになる。つまり，本音と理想値の間に距離があるのである。とはいえ，理想値からかけ離れた本音をもっている人もいるし，理想値に近い本音をもっている人もいる。道徳授業をしている教室の子供たちについても同じことがいえる。例外なく誰もが本音をもっているのである。そして，その本音は人それぞれで，多様である。

　稿者は，この子供たちがもつ多様な本音を「ポジティブな本音」と「ネガティブな本音」という形で2極化し，その間を多様な本音の言葉で埋めていくことを教材研究に取り入れている（詳しくは拙著『4つの視点でうまくいく！　考え，議論する道徳に変える教材研究の実践プラン』（明治図書）をご参照いただきたい）。この方法を取り入れることにより，主発問に対する子

供たちの反応をほぼ予想することができる。子供たちの考えがだいたい予想できるから，考えごとに子供たちの意見を整理しながら板書することで，問題を焦点化し，話し合いを活性化することにつなげることができる。

さらに，こうすることで，授業のなかで子供たち一人一人の考えていることが異なっていることを肯定的に受け止めることができるようになる。そして，「こうあるべき」とひとまとめにしてしまいたくなる道徳授業で，一人一人の思いが異なっているところをスタートと考えると，どう授業をつくっていったらよいかを考え直すきっかけともなるのである。

道徳授業が目指すべきところ

道徳科だけでなく他の教科であっても子供たちの実態は様々である。とはいえ，他の教科では，その時間に学ぶべきこと，習得すべきことが設定されており，ゴールも明確にされている。例えば，小学校4年，算数の「長方形の面積」では，「縦×横で長方形の面積が求められることを知る」とか，「長方形の面積の公式を使って面積を求めることができる」といった目標にしっかりと到達できるようにすることが教師に課せられたミッションである。そして，それができないときはなんとかフォローしなければ，自分の役割を果たしたことにならない。

道徳ではどうだろう。例えば，先述の「絵はがきと切手」について「友達を大切にすることについて考え，友達のことをよく理解し，信頼し，助け合おうとする判断力を育てる」というねらいが設定されているとしよう。授業する教師の誰もが，この1時間の授業でこのねらいにまで全ての子供たちを高められるとは思っていないはずだ。

そうだとしたら，私たち教師が道徳授業でこだわらなければならないものはなんだろう。それは，一人一人の子供の，その子なりの成長でしかない。次頁の図のように，子供たちは一人一人の現実＝本音をもちながら生活している。それをひとまとめにして1つのゴールに導くことは適切ではないし，そもそもそんなことはできない。一人一人の現実が異なっているのなら，一人一人のゴールも異なってよいし，むしろ異なるべきである。そして，少し

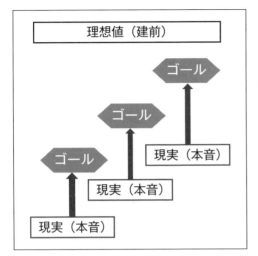

ずつでもよいので，理想値に迫れるようになっていけばよい。だから，道徳科の評価は個人内評価を基本とするのである。そう考えると，道徳という教科は子供たち一人一人と，「君は」「あなたは」と向き合うことのできる貴重な教科だといえる。では，どのようにしたらそのように向き合う授業になるか考えていく。

4 「ザワつく」道徳授業

道徳授業における向上的変容とは

　一人一人と向き合って個人内評価をしていくということは，1時間の授業に一人一人の成長を保障できる授業をするということでもある。野口芳宏は，常々，授業は子供一人一人の向上的変容を促すものでなければならないと述べている。稿者もこの言葉を自分に課して授業をしてきたつもりである。稿者のもう1つの専門領域である国語の授業において，例えば，ある授業では「ごんぎつねが『子ぎつね』ではなく『小ぎつね』と表記されていることにどんな意味があるか」を考えることで，ごんぎつねの人物像を捉えたり，いたずらをしようとする気持ちを捉えたりすることができ，また，一字一句に着目することの意義を見出せるようになるという向上的変容を促すことができると考えやってきた。国語をはじめとする各教科では，その気になればこのように向上的変容を促す授業をすることが可能なのである。

やっぱり，考え議論すること

　しかし，道徳授業ではそれは難しい。1時間では達成できないような「ねらい」を設定し，どこに子供たちを連れていけばよいかわからないまま授業

をしている。そして，なんとか目に見える向上的変容をと考えると，いきなり実践力を求めてしまうのである。そうならないようにするにはどうしたらよいか。それは，これまでに何度も述べてきたように，1時間のなかで，できる限りたくさんの考えること，議論することをつくることである。

　「やれ」と言われたことは言われた通りやればなんとかできるが，「考えろ」と言われても，自分が考えなければ一歩も先に進まない。議論することはさらに難しく，同じ問題を共有して自分も考え相手も考えなければ一切成り立たない。今の言葉を使えば，「主体的」にならないとできない活動なのである。だから，学びを子供たち一人一人のものにする最も確かで，最も近道なのが考えることであり，議論する（話し合う）ことなのである。

心の中に波風を立てる

　考えること，議論することで私たちの心の中は揺れ動く。ピンチに立たされたとき，どうしようと考えると動揺する。何かの決断を迫られたとき，とてつもなくどきどきする。心が揺れ動くこと，どきどきすることは，そのまま経験になる。経験を伴わない時間は記憶に残らない。道徳授業でも，記憶に残らない授業は道徳的に生きるうえでも役に立たないのではないかと考えている。仮想空間に近い授業という形の場であっても，子供たちの記憶に残るような経験といえる授業をすべきである。

　このように考えると，最も意味のない道徳授業はどきどきしない授業，すなわちわかりきったことをなぞるだけの授業である。先に挙げた「絵はがきと切手」の授業群がそれに当たるかもしれない。少なくとも，どきどきしたりわくわくしたりするような授業にしたい。そういう授業では子供たちの心の中に波風が立っているのである。疑問とか反発とか，それらを通り越して感動とか怒りとか，そういう主観が湧き起こっているのである。

「ザワつく」ということ

　「道徳授業に波風を」といっても，波風ならなんでもよいとは限らない。同じ波風なら激しい方が子供たちもエキサイトするからよいのではないかと考えがちだが，決してそうではない。激しい波風＝台風・嵐は道徳授業にお

いては、「ごくまれに」でよいのであって、ほとんどの場合には「ザワつく」程度の波風がよいのである。

　道徳科の教科書教材をもう一度パラパラとめくってみてほしい。ほとんどの教材での問題となっている場面についていえば、一生を左右するような決断の場面でなく、一瞬の判断で行動しなければならない場面ばかりである。そして、私たちも日常のなかで、一瞬一瞬の場面での判断、決断を迫られながら生きている。大きな葛藤は、大きな議論を生むし授業も盛り上がり、子供たちにとってとても刺激的なものである。そこでの判断、決断は熟慮を要するものとなる。一生のうちで、熟慮を要するような判断、決断とはどういうときにするものだろうか。人生の大事な節、一生を左右するような分岐点、そういうときに熟慮してしっかりとした結論を出せることはとても大切である。しかし、逆に考えると、そういう機会はそれほど多くない。私たちの日常は、ちょっとした、小さな決断ともいえないような判断によって支えられている。

　また、大きな葛藤は大きな対立を生むことも多い。前回の学習指導要領における国語科ではディベートが積極的に取り上げられていたが、今次の学習指導要領ではほとんど姿を消してしまった。議論に慣れていない日本人にとって、ディベートは互いを潰し合うものとしか理解されていなかったのである。その経緯を経て得た結論は、重要なことは「合意形成」であるということであり、同じことが道徳授業でもいえるだろう。

「ザワつく」道徳授業を

　そうだとしたら、子供たちに身につけさせたいことは、一瞬一瞬のちょっとした状況判断を見誤ることなく決断し、自分にも周りにも最も適した言動ができるような道徳性である。そこで私たち教師がすべき道徳授業は、何も波風が立たないようなつまらない授業ではなく、また、刺激的ではあるが一生に何度かしかないような決断を迫るような大波の授業でもない。繰り返される日常のなかで、その場その場を過たずに生きていけるような判断、決断を鍛えることができるほどほどの波風が立つ、「ザワつく」道徳授業だろう。

第2章

「ザワつく」道徳授業と「問題の本質」

第1章で，道徳授業は子供一人一人に応じた成長を保障するものであること，そして，子供たちの心がザワザワする「ザワつく」程度の波風を立てることが重要であるとの提案をした。第2章では，「ザワつく」道徳授業を実践レベルで考えることができるようにするために，より具体的に述べていきたい。

1 「ザワつく」道徳授業と「問題の本質」

「ザワつく」道徳授業により授業はどう変わるか

　まずは，「ザワつく」道徳授業が目指すものを明らかにしておく。

　「ザワつく」道徳授業とは，子供たちの心にほどよい波風を立てるものであり，それはより考えることを促すものだということを述べたが，それにより授業はどう変わるのか。心に波風を立てるには，疑問を抱いたり判断に迷っていたり，不信感や反感を抱いたりする部分に働きかけ，子供たちの心を揺さぶることが必要である。

　心を揺さぶられることによって，子供たちは問題を「自分事」として捉えて，それについて考えるようになるのである。現在，道徳授業だけでなく，様々な教科においても自分事という用語が飛び交い，自分事として考えることにより，より問題に迫れるというような提案が多く見られるが，そもそも自分事として考えるとはどういうことなのだろうか。

　私たちがどんなときに，どのように他人事を自分事として考えるようになるかを，自分の経験から考えてみてほしい。気候変動により自然災害の様子をテレビで見ることが多くなったように思うが，そのときのことを例に，順を追って考えてみよう。

　①テレビで災害に遭った被災者の様子が流される。

　②大変だなと思う。

　③被災者を自分に当てはめて考える。

　④いたたまれない気持ち，悲しい気持ちになる。

　⑤何かしてあげたいという気持ちが起きる。

　③から後は，自然災害を自分事として受け止めているといってよいだろう。このように受け止めることができれば，道徳的にはもう何もいうことはないというレベルである。しかし，実際には視聴した人の全てがそのような思いを抱くわけではない。④までの人，③までの人がむしろ多いだろう。そして，中には②止まりの人もいるはずである。「天災なんだから，仕方ないじゃないか」と思ったり，「早めに逃げないのが悪い」と思ったりすることもあるだろう。また，ボランティアなどについても，「そこまで自分たちがする必要はないのでは」と考えても不思議はない。そういう②止まりの人にとっては，このニュースは自分事ではなく，まだ他人事の範囲にある。感じ方には個人差があるのだから，②止まりだからといって悪いわけではなく，もちろん③止まりの人，④止まりの人がいて当たり前である。

　そして，道徳授業をザワつかせるうえでは，この②③④で止まっている子供たちがいることが，あるいは多くいることがチャンスとなる。教材での道徳的問題について，子供たちが自分事にしきれない原因をクリアし，自分事として考えられるようになることによって，自分の経験を総動員してどうしたら問題を解決できるかを考え始めることになるのである。しかし，現実の道徳授業では，あたかも自分事になっているつもりで終わっている授業や，問題を直視し自分事として考えるようにするまでに至らない授業が多く，そこでは，「自分の問題」として問題を捉え解決していない。

「わかりきったこと」を目指している授業

　これまでに行ってきた多くの授業が子供たちに向上的変容を与えていないのは，テーマとなっている内容項目（道徳的価値）を表面的になぞるような授業をしているからだということについては，これまでに繰り返し述べてきた。ここでは，それがどういうものであるかを具体的な指導案を例に挙げて示していく。「ドッジボール対決」（光村図書）という「友情・信頼」について学ぶ小学校5年の教材である。稿者が助言者として参画する東京都内の小学校の校内研究で行われた研究授業の指導案を紹介する。指導案作成の段階から関わっており，このときは，第1案作成後に稿者が意見を述べ，それを

受けて改訂された第2案（最終案）となる。

　指導案から教材のあらすじを引用する。

　「ぼく」が所属する5年2組はとても仲がよい。ある日，1組の都は2組の団結力が羨ましいと寂しそうに言った。「ぼく」は互いのクラスの団結力を強めるために，2組と1組でドッジボール対決をしようと提案した。対決が決まり，2組では作戦会議を開く。そして，対決まで1組の人とは話さないことが決まった。「ぼく」は何か変だと思ったが，クラスの団結という意見に押され，「分かったよ」と返事をしてしまう。次の日の放課後，再び都と下校することになった。「ぼく」は少し考えて，試合までは1組の人と話ができないと伝える。

　第1案と第2案の展開の概要を下表に示す。

第1案	第2案（最終案）
○みなさんが団結するのはどんなときですか。 ●めあてを確認する。 ●「ドッジボール対決」を読み，あらすじを確認する。 ○都に話ができないことを伝えたときの「ぼく」の気持ちを考えよう。 ◎みんなが「ぼく」の立場だったら，クラスの団結を優先しますか，都との友情を優先しますか。もし，都のような仲のよい友達がいなかったらどうですか。 ○団結について思ったことや考えたことを書こう。	○「友情」と聞いて，どんなことを想像しますか。 ●めあてを確認する。 ●「ドッジボール対決」を読み，あらすじを確認する。 ○みんなだったら，クラスの作戦に従いますか？　従いませんか？　また，それはなぜですか。 ◎クラスの団結は友情と言えますか。都との違いはなんですか。 ○今日の授業で思ったことや考えたことを自分の経験を踏まえて振り返りましょう。

　この研究授業は稿者が道徳科の校内研究に参画して２年目のものであり，既に指導案の作成技術もかなり高まっていたのだが，それでも多少の注文はつける。このときは，第１案で「みんなが『ぼく』の立場だったら，クラスの団結を優先しますか，都との友情を優先しますか。もし，都のような仲のよい友達がいなかったらどうですか」という主発問が提示されていた。それに対して，稿者は，ここではおそらく「都との友情を大切にする」という意見が大勢になり，「都がいなくても正しいことを言うべき」という正論（建前）が主流になるであろうことを伝えた。そして，「そういう予定調和のような授業でよければ，この指導案で十分流れると思うよ」というような意見を述べた。

　この第１案のままで授業をすれば，子供たちは言いにくいこともしっかり言える関係が真の友達関係だというような意見を簡単に出してくるだろう。そして，それに同調したような意見が重なっていき，「その通りです」としか言えないような授業になる。子供たちにとって，仲がよいだけでなく，言いにくいこともしっかりと言い合えるような友達関係がよりよいものだということはよくわかっているだろう。そして，それを出し合って授業が終わってしまうとしたら，子供たちはこの１時間で何を学ぶのだろう，そこにどのような向上的変容があるのだろう。

「問題の本質」に迫る

　この「わかりきった」ことを目指す授業からの脱却が，タイトルである「ザワつく」道徳授業を実現することになる。そして，その糸口は，「わかりきったこと」でなく，子供たちにとって「わかっていないこと」，つまり，子供たちが疑問に思っていたり迷っていたり，反発する気持ちが起きたりといったことの根源にある，本当の「問題の本質」にあるのだ。「問題の周辺」は子供たちにとっては問題ではない。「問題の本質」に直面してこそ，真剣に考え議論する気持ちが生まれるのである。

　とはいえ，「問題の本質」に迫るような発問をつくる以前に，まずは「問題の本質」がどこにあるのかを適切に見極めなければならない。

2 「問題の本質」とは

まずは「わかりきったこと」から離れる

　子供たちに追究させようと考えていることが「問題の本質」かどうかを見極めるには，「問題の本質」と子供たちにとっての「わかりきったこと」とを見極める目をもつことである。よくないものを見抜けなければよいものを見抜くことはできない。そして，実は，よいものを見抜くよりも，よくないものを見抜く方が私たちは得意なのである。絵が下手なのはよくわかるが，一定以上うまくなると序列がつけられない。音楽にしても，スポーツにしても同様のことがいえるだろう。そうして，よくないものをしっかりと見抜けるようになってくると，次第によいものを見抜く目をもてるようになってくる。まずは，「問題の本質」ではないものを見極められるようになることが近道である。

　「本質」だと思っていたことが，実は「本質」ではなかった，これまではそういう状況が続いていた。それは，第1章で取り上げた「絵はがきと切手」の例でも明らかである。子供たちにとって「わかりきったこと」である「言いにくくても友達にとって大事なことなら言ってあげることが本当の友情」ということを引き出すことは，子供たちにとって既に刺激的でなく，そこに向上的変容もあまり望めない。そうだとしたら，このことを授業の中心的な問題としても子供たちには「わかりきったこと」であり，子供たちが満足するような授業にならないということに気づくことが，よりよい課題につながる「問題の本質」を見出すことの第一歩なのである。

わからない，疑っている，揺れている，反発している

　道徳科の教材の「問題の本質」は，「わかりきったこと」でなく子供たちがわからないとか疑っている，また揺れている，反発しているといった納得できていないところにある。

　「わからない」は，こういう場合どうしたらよいかわからないとか，なぜそうするのかわからないといった反応である。「絵はがきと切手」にしても

「ドッジボール対決」にしても，どういう関わり方がよい友達関係なのかわからない，ということである。

　「疑っている」は，そんなこと現実では起こらないのではとか，そんな行動普通だったらしないのにといった反応である。「絵はがきと切手」であれば，お兄さんは正子にしっかり教えてあげるべきだと言っているが，そんなに簡単に言えるわけがないというように疑いのまなざしを向けることである。「ドッジボール対決」であれば，「勝ちたい！」と思うことは当然だと思うけれど，なぜ都はおかしいと言うのかと考えていることである。

　「揺れている」は，２つの考え方の間で葛藤している反応である。「絵はがきと切手」であれば，正子に伝えた方がよいのか伝えない方がよいのか迷っていることに当たる。また，「ドッジボール対決」であれば，クラスの方針に従うか都の考えを支持するか迷っていることに当たる。

　「反発している」は，主人公などがよりよい行動に向かっていることなどに対して，理解を示さず，むしろネガティブに捉えるような反応である。「絵はがきと切手」であれば「正子さんならわかってくれる」と言って手紙で教えることにした主人公に対して正子に責任を預けているのではないかというように考えることが当たる。「ドッジボール対決」であれば，他のクラスの事情もわからないのに，一方的に批判する都の言動を否定的に考えるようなことが当たる。

　これらの反応に共通するのは，素晴らしいと思えるような主人公の言動であっても，簡単にそれを受け入れず，「本当にそれでいいのか？」とか「そんなに簡単にできるはずない」というような納得できない思いをもつことの表れであるということである。そうするのが一番よいことだということはわかっているけれど，なんとなく割り切れない思いがある。そういう思いを授業の起点とすることで自分の問題として考えることができるようになる。

「問題の本質」とオーセンティックな学び

　現代の教育を考えるうえでの１つのキーワードが「オーセンティックな学び」である。「真正な学び」などと訳されることが多いが，要は自分の問題

として課題に向かい，学びを学びだけのなかに閉じることなく生きることに開く学びでありたいということといえるだろう。道徳授業がオーセンティクな学びであるためには，「わかりきったこと」をなぞるような学習をしても，自分の問題として正しく向き合うこともなく，また生きていくことのより素晴らしい糧にはならないのである。教材の中に隠れている「問題の本質」は子供の奥深くにある問題意識であり，それが授業の問題となり，向き合ってよく考えることで，生きていくうえで必要な何かを見つけることになる，まさに道徳授業のオーセンティックな学びがここにあるのではないだろうか。

「わかりきったこと」と「問題の本質」を整理する

これまで「わかりきったこと」を避け，「問題の本質」を明らかにして授業の中軸とすることで「ザワつく」道徳授業が可能となることについて述べてきた。

「絵はがきと切手」について述べてきたことを下図のように整理する。

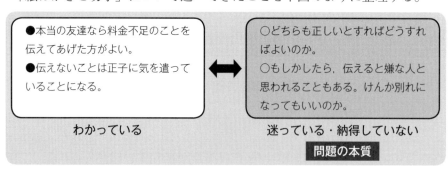

このように整理すると，子供たちは何がわかっていて，何がわかっていないかが明確になる。ここまでしたら，「わかりきったこと」をあえて授業の中心にし，そこから発問を考えようとはしないだろう。そして，発問をつくろうとすれば自ずと「問題の本質」に迫るような発問を考えようとするに違いない。だから，「問題の本質」を見極めよう！

3 「問題の本質」を捉えるには

　ここまでで「問題の本質」を見極めることが「ザワつく」道徳授業をつくるためには欠かせないということが十分にわかっていただけたのではないだろうか。ここでは，そのヒントを得る教材研究の方法を3つ紹介する。

　①教材分析により文脈の空白，ギャップから考える

　②教材のなかの道徳的価値の関係から考える

　③「ポジティブな本音」と「ネガティブな本音」から考える

　①～③の全てをやってみるとより明確になっているが，現場の忙しさを考えるとその時間を見出すのは難しいと思われる。やってみると当然重なり合う部分も出てくるので，どれか1つでもトライすることで，見えてくるものがある。大事なことは，変えるためには何かのアクションを起こすことであり，できること，興味が湧いた部分についてぜひともトライしていただきたい。

①教材分析により文脈の空白，ギャップから考える

　稿者は，下図のような表を作成して教材分析を行っている。

「絵はがきと切手」の教材分析

出来事	ひろ子の思い	ひろ子の言動	他者の言動・思い
正子から絵葉書が届いた。	私も行ってみたい。兄の言っていたことが気になる。	さっそく返事を書こうとした。	兄：不足料金を払ってくれ，「教えてあげたほうがいいよ」
料金不足について母に相談した。	迷ってしまう。	母に相談した。	母：お礼だけ言っておいたら 兄：だめ，だめ，ちゃんと言ってあげたほうがいい
返事を書くことを決めた。	？	「正子さんなら，きっと分かってくれる」	

　分析のポイントは，項目での主人公の「思い」と「言動」を分けて考えることである。一緒に記述している分析表が多いが，「思い」と「言動」が相

矛盾していることを捉えるためには効果的である。このように表にまとめると，「？」で表した空白部分や，矢印で表した極端な変化，突然の変化を明確にすることが可能となる。「絵はがきと切手」では分析表から，返事を書くことを決めた，また「正子さんならわかってくれる」と思った理由を明らかにすることが中心的な課題となることが見えてくる。そして，その過程で「なぜそこまでして」と考えるなかで，「問題の本質」も見えてくるのである。

②教材のなかの道徳的価値の関係から考える

教材である物語などの内には，内容項目に当たる道徳的価値だけでなく，様々な道徳的価値を内包している。そして，それらが絡みながら価値観をつくり上げている。そして，授業のなかで，主題となっている内容項目とは異なる道徳的価値に中心が意図せず流れていってしまうことも少なくない。そうであれば，授業をする前に教材にどんな道徳的価値が内包されているのかを考えてくことは教師にとってとても意義のあることとなる（このことについては拙著『4つの視点でうまくいく！ 考え，議論する道徳に変える教材研究の実践プラン』（明治図書）において，詳しく述べている）。

「絵はがきと切手」では，人によって多少の違いはあるが，A「正直，誠実」，B「親切，思いやり」「感謝」「礼儀」「友情，信頼」「相互理解，寛容」，C「規則の尊重」，D「よりよく生きる喜び」（指導するのは高学年のみ）が該当すると考えられる。この道徳的価値の抽出だけでももちろんよいのだが，これらの関係を自分なりに図示すると，より関係が明確になる。

次頁の図に示したように，主人公と正子の間で「友情，信頼」がしっかりと働くためには，「親切，思いやり」や「相互理解，寛容」といった「基盤となる道徳的価値」がなければならないが，それだけでは実際に行動に移せるとは限らない。そこに，「規則の尊重」や「正直，誠実」「感謝」「礼儀」といった「支える道徳的価値」が後押しすることによって，主人公が正子に正しいことを教えてあげようと思うことにつながるのである。

道徳的価値の関係を図示する

[よりよく生きる喜び]　達成の先にある道徳的価値

[感謝]
支える道徳的価値
[礼儀]　　　　　　[友情，信頼]

[規則の尊重]

[正直，誠実]

[相互理解，寛容]

基盤となる道徳的価値

[親切，思いやり]

　実は，この図表を作成していると，なんとなくおかしいという気持ちになってくる。それは，この図中の道徳的価値の関係が主人公の側からだけのものであるからであり，正子はこの図中の道徳的価値の全てに共感するだろうかという疑問が生ずるのである。例えば，事実を教えられた正子が，「親切，思いやり」として受け止め，「相互理解」できるだろうか。それはある意味で，一種の賭けである。そこに気づくことが「問題の本質」を見出すきっかけとなるのであり，この作業がそれを可能にしてくれるのである。

　　③「ポジティブな本音」と「ネガティブな本音」から考える

　第１章でも紹介したが，子供たちがもつ多様な本音を「ポジティブな本音」と「ネガティブな本音」という形で２極化し，その間を多様な本音の言葉で埋めていく教材研究の方法によって，「問題の本質」を見出すことができる。そのためには，教材の様々な局面からどの部分を切り取るかが重要になってくる。見当違いな局面について，子供たちの捉え方を予想しても，ほとんど役に立たないからである。子供たちに考えさせたい局面を適切に選び，そこでの主人公の言動に対して，あるいはその結果に対して子供たちがどう捉えるのかを予想することで，子供たちの切迫する「問題の本質」を明らかにすることができるのである。

「絵はがきと切手」における考えさせたい局面は，主人公が正子に料金不足のことを教えてあげなければと思うようになったところであり，その場面での「料金不足を伝えることにしたひろ子の決断」について子供たちはどう考えているかをポジティブ，ネガティブに分けながら予想しておくことが最善の準備であると考える。稿者の分析は下図の通りである。

ポジ〜ネガの本音の様相を捉える

・「料金不足を伝えることにしたひろ子の決断」について子供たちはどう考えているか
・ポジティブ
　　・教えてあげるのが正子のために一番いいんだ
　　・こういうときに教えてあげるのが友達だ
　㊙教えるのがいいのかな？　どうするのが一番いいのかな？
　　・教えてあげたら，仲よくできなくなるかもしれない
　　・教えなくても済むのに，なんでそんなことするのかな？
・ネガティブ

　ポジティブ，ネガティブ両方の考えを挙げていくと，ポジティブ，ネガティブどちらに傾くかの分岐点的な考えとして，どちらにしたらよいのかわからないという立場も当然ながら生じてくる。そこからは，「本当に教えてあげるのがよいのだろうか？」とか，「どうするのが一番よいのだろうか？」といった疑問が生じるが，まさにそれが「問題の本質」につながる子供たちの心の底にある疑問ということになるだろう。

4　「問題の本質」に迫る授業をつくるために

　「問題の本質」を明らかにし，発問をつくることができたら，次は実際にどのようにして授業として実現していくかがクリアすべき課題となる。ここでは，「問題の本質」に迫るべく授業をするうえでどのような点に配慮していけばよいかを提案しておく。

考え議論する時間を保障する

「ザワつく」道徳授業及び「問題の本質」に迫る授業を実現するには，まずは考え議論する授業をすることが必須条件である。ここでは，考え議論する授業にするためのポイントを紹介する。

考え議論するためになんといっても必要なのは，時間である。そんなこと当たり前と思われる方も多いだろうが，これまでの道徳授業は「導入」を延々と（よくいえば丁寧に）やっていて，結局中心的な課題についてろくろく話し合う時間がなくなってしまうという授業がいかに多かったことか。少なくとも20分，主発問及びそれに関連する発問について話し合う時間を確保したい。そのためには，できる限り導入〜主発問の前の時間を削ることである。それしかない。

そして，導入〜主発問の前の時間を短くするためには，導入で本時に扱う内容項目（道徳的価値）についての既成概念などを丁寧に引き出すことをしないようにすることと，主発問に関する言動に至るまでの各局面の心情を確認するようなことをやめることである。丁寧に読み取らなくても，主発問について考えていれば，自然と周辺の心情等は押さえられるからである。

解決への道筋がわかりやすい授業展開

授業とは思考の連続である。いくつかの発問を組み合わせて授業は成り立っているのだが，発問同士がうまくつながっていないと，何をどう考えてよいのかがさっぱり見えてこないのである。つまり，発問の連続性は問題解決への道筋なのである。発問同士がうまく関連し合っていると，前の発問がヒントになり次の発問について考えることができるのであり，そういう思考の連続を生み出す発問構成を心がけたい。そして，自分が考えた発問群が解決へのわかりやすい道筋を示すことができるかどうか，発問を考えた後で教師自身で発問に対する答えを考えてみてつながりの確認をしていただきたい。

道徳授業は，1教材1時間で完結するので，板書の役割も他教科以上に重要となる。板書は記録のためのものであるけれども，同時に子供たちの思考を活性化するためのメディアでもある。それまでの出された意見を構造化し

て整理し，次の課題に向かいやすくするものでありたい。そのためには，出された意見を列挙するだけでなく，考えを深めるという意思を反映したものでなければならない。

しっかりと機能する協働的な学習活動

どの教科でも協働が求められる時代になったが，道徳授業はそのなかでも協働がより重要な教科である。なぜかといえば，道徳自体が他者との関わりのなかで何かを生み出していく日常との関わりが非常に大きいからである。他者との関わり方について他者と関わりながら考えていくことは，理にかなっているといえる。学習指導要領において「多面的・多角的」が求められていることに関しても，協働のなかで実現しなければ他の形では難しいであろう。

では，どのような協働を設定したらよいか。基本はペアでの話し合いである。話し合いの基本は２人の話し合いであり，２人で話せない者はグループでも話し合えないし，一斉学習のなかにもなかなか絡んでいくことができない。ちょっとした課題について，ペアで自分の考えを紹介し合う，説明し合う，質問し合うなどの活動を続けていくことで，他者と関わりながら学ぶことのよさを感じ，人との関わり方を身につけていくのである。

主発問と補助発問

稿者は１時間の授業での発問は，大きく３つでよいと考えている。教材を読んだ後の諸確認のための発問と中心的な局面について考える主発問，そして，自分に目を向けたり日常化を図ったりするまとめの発問である。

ただし，考え議論するという部分について，主発問だけで子供たちがスムーズに話し合いを続けて，結果深まっていくというようなことはめったに起こらない。たいていの場合，ある程度考えが出尽くしたところで授業は停滞し，そのまままとめに入っていく。そうすると，極めて一般的な，ありふれたありがたい言葉でのまとめがなされるのである。

そうならないようにするためには，主発問を焦点化し，さらに深めるような補助発問が必要であるし，授業全体のなかで重要な意味をもつのである。

いうなれば，主発問まではありふれた，当たり前のような発問でもよく，むしろその方が子供たちが自分たちの考えで授業を進めているという気持ちで取り組める。そして，いずれ話し合いが行き詰まるときがくるので，そのときが教師の本当の腕の見せどころとなる。それが補助発問である。

主発問と補助発問の組み合わせによって，「わかりきったこと」にこだわっていた子供たちが，「問題の本質」に気づき，本当の自分の問題を解決しようとするようになる。補助発問は，授業前にあらかじめ考えておいても，実際の授業のなかで別の問いにした方がよい場合も確実にある。臨機応変な対応のなかで機能するものであり，難度の高い教育技術ということになるが，よい授業，「ザワつく」道徳授業には欠かせないものである。

書くことを大切にする

道徳授業が道徳科として位置づけられたことによって，以前にも増して書く活動の重要性が高まった。それは，道徳科の評価として，通知表や指導要録の所見を書かなければならなくなったことによるところが大きいといえるが，本来，書くことは思考することであり，より高度に考えることを子供たちに求める道徳科であればこそ，書く活動を重視し，適切な場面で適切な設定で書かせたいものである。

そういうことを受けて，子供たちの考えの深化が表れるような書く活動でありたいと考えており，そうすると必然的に授業の後半での考えがより深まってきたところで書かせることになるだろうし，それが最善であるとも考えられる。そして，そのことは，子供たち自身にも自分の考え方を客観化し，自分の1時間での成長を認める活動にもつながる。

5 5つの「問題の本質」の型

「問題の本質」の5つの型

「問題の本質」についてこれまで様々な教材について考えてきたところ，現時点で5つのパターンに分類することができた。この5つのパターンを基に「ザワつく」道徳授業の型として「問題の本質」を絞り，授業デザインを

考えることにする。型を示すことで，選択肢を提案することにもあるので，現場の教師にとっては効率よく「問題の本質」を捉え，「ザワつく」道徳授業を実践できるようになると考えている。5つのパターンは以下の通りである。

パターン①

なんでそんなことできるの？型

道徳授業は，穿った言い方をすればいかに正論を納得して受け入れさせるかの追究であるといえるだろう。そう考えたとき，正論すぎて多くの子供が受け入れられない場合も少なくない。例えば，「ドッジボール対決」でいえば，対戦相手のクラスになんとしても勝ちたいと思うのが当然だとする考え方が主流のなかでは，都のように正論を主張することはなかなか難しい。「なんでそんなことできるの？」と思う子供も多いのではないか。そういう子供たちにとって，正論を言うこと自体は「わかりきったこと」であるが，実際にそれを主張できることは「わかりきったこと」ではないので「問題の本質」となり得るのである。

パターン②

よく考えると，それっておかしくない？型

教材を読むと，内容項目が求めている内容に一見ぴったりのように思えるが，よくよく考えていくと矛盾が生じるような場合がままある。正論はもちろん正しいが，そうでないことも十分考えられる教材が多いのである。「絵はがきと切手」でも，兄の言うことは正論だが，現実を考えると，それくらいのことは黙っておいた方がよいとすることは多い。兄の言うこともわかったうえで伝えない方がよいと考える子供にとっては，「よく考えると，それっておかしくない？」であり，「問題の本質」として位置づけられるのである。

パターン③

すごすぎて自分とは関係ないかもね型

道徳教材には偉人を扱ったものが多いが，素晴らしい，立派だと思っても，同じような人物にはなかなかなれないだろうし，子供たちも別世界の人とい

う目で見ながら授業に参加しているのではないか。教師はなんとか，「そういう人に私はなりたい」という気持ちにさせたいと願うのであろうが，子供たちのそこでの思いは，「すごすぎて自分とは関係ないかもね」が主流であると考え，そうであれば，それは「わかりきったこと」ではなく，「問題の本質」といえるだろう。

パターン④

わかっているけど，できないんだ型

何かを自分に課していても，わかっているけれどできないことは多い。まさに「わかりきっ」ているけれど，実行できないあるいは続けることができないのであり，そういう場合には，「わかりきったこと」を説くよりも，なぜできないのかという「問題の本質」について考えさせることの方が格段に子供たちにとっては実のある学習となるのである。

パターン⑤

どうしたらいいの？型

問題となるケースに対して，子供たちがある程度の正解である行動の仕方は感じ取っているが，最終的に2つ（あるいはそれ以上）の選択肢のなかからどれを選んだらよいのか決断することができない場合である。この場合にももちろん「わかりきったこと」があり，子供たちはある程度それもわかっているのだが，「どうしたらよいかわからない」のである。この場合の「問題の本質」は，明確な理由づけをしながら決断を下せるようになるということである。

今後，さらに教材分析を続けることで，上述の5つの型だけでなくさらに型を見出すことになるかもしれない。要は，「問題の本質」を見極めることができればよいので，自分なりの型を設定することも可能である。「1つの便利な考え方」として受け止めて，役立てていただければ幸いである。

第3章

「問題の本質」の5つの型

1 なんでそんなことできるの？型

①なんでそんなことできるの？型とは

　すればいいとわかってはいるが，とてもそんなことはできないということは私たちの生活のなかで意外と多いのではないか。私たちは，幼い頃から常に正しい行動の仕方を大人によって示されながら生きているので，おそらくある程度の年齢になればそこそこの正しい振る舞い方はわかっている。稿者の３歳になったばかりの孫でも，家に上がるときには靴を脱ごうとしているし，食事の前後には挨拶をしている。

　このような日常生活の習慣については正しいあり方通りに行動することができるが，自分になんらかの負荷をかけねばできないような事柄については，行動に移すことが難しいことも多い。正しいとわかっているけれど，行動に移すことができず，「なんでそんなことできるの？」と思ってしまう場面である。こういう場面を題材にした教材において，正しいこと＝正論を子供たちから導き出したとしても，子供たちにはそのことは「わかりきったこと」の範囲にあるものである。ここでの子供たちの「問題の本質」は，「なんでそんなことできるの？」であり，そのことを解決しないまでも，ある程度の深さまで追究しなければ「問題の本質」に迫ったことにならない。

　子供たちの「なんでそんなことできるの？」の奥底にあるのは，「できないだろう」ではあるけれども，その気持ちとはうらはらな「やってみたい」，あるいはその先の「できるようになりたい」である。正論をわかっているだけではなく，やはりそのように行動したいとは思っているのである。だからこそ，子供たちにとっては，そこが「自分事」になるのである。その「できるようになりたい」という気持ちを満足させるような場をつくってこそ，子供たちの追究心に火がつくのであり，考え議論することが可能になるのである。

②なんでそんなことできるの？型の例

　ここでは，「言葉のおくりもの」（小学校高学年対象，友情・信頼）を例に，

なんでそんなことできるの？型の授業づくりについて述べる。

　あらすじは次の通りである。

　　幼馴染であるすみ子と一郎が仲よくしているのを見て，たかしが2人をからかう。すみ子はからかいなど気にせず，誰に対しても同じように接するが，一郎はからかわれることが我慢できず自分の失敗を助けてくれたすみ子に辛く当たってしまう。そんなことがあっても，すみ子は，子供会のリレーでたかしがバトンを落としてしまったときにたかしをかばい，さらには，一郎の誕生日にも温かな言葉をかけ，クラス全員から拍手が起きる。

　高学年の子供たちの異性の友達関係について考える教材である。これまで題材として取り上げられてきた友達関係は同性，異性同士であっても性別を意識しない関係として描かれたものだった。しかし，思春期に入っていることを前提に，異なる性を意識させ，その間でどう友達関係を築くかをテーマとしている。子供たちは男女＝異性だから相手をぞんざいに扱おうなどとは考えておらず，同性と同じように穏やかに接したいと考えているだろう。しかし，そうさせない何かがあって，ぶっきらぼうに接したり，必要以上に反応したりしてしまう。

　この教材の「わかりきったこと」と「問題の本質」を図にまとめた。

●男女が仲よく生活するのはとても大事だし，よいことだ。 ●女子（男子）の話もよく聞いてあげて，クラスみんなが仲よくなるようにしよう。	⟷	○そう言われても，すぐには仲よくなれないな？ ○こっちが仲よくしようと思っても向こうがそうじゃないと…… ○男子と関わるのと女子と関わるのは何が違うんだろう？
わかっている		**迷っている・納得していない** **問題の本質**

　この教材からもひしひしと伝わってくるように，性別問わず仲よくすることを子供たちは求められている。そして，そのことを子供たちは十分に認識している。これが，「わかりきったこと」である。

しかし，わかっていてもうまく付き合っていけていないというのが実態である。当然，「なぜうまくいかないのだろう」とか「どうしたらうまく付き合えるのだろう」という疑問を感じている。この疑問こそ，子供たちが自分事として考えなければならない「問題の本質」なのである。

そして，この実態を踏まえて，「問題の本質」を解決につながる課題を考えたい。例えば，次のような主発問はどうだろう。

「なぜ男子と女子がうまく関わることができないのだと思いますか」

この発問は，教材の中でのすみ子，一郎，たかしの関わり方について考えるものだが，自然に自分たちの現実世界に重ねて考えるようになり，うまく関わることができない原因を考えるものになると考える。ここでの「原因」としては，「仲よくすると冷やかされるから」とか「どうしてほしいかよくわからないから」「話が合わないから」といった主観的，経験的なものでよく，むしろその方が自我関与につながり，自分の問題として考えることにつながるのである。

この主発問を受けたまとめの発問として，「どんなところで仲よくしたり，協力していきたいかを考えよう」と投げかけ，具体的な場面を想定して考えるようにするとよいだろう。「これから，男子と女子がどのように関わっていけばよいと思いますか」のような発問では，「協力し合う」とか「よく話し合って」といった漠然とした意見に終始し，結局「わかりきったこと」を確認することに戻ってしまうからである。主発問で子供たちの心をザワつかせた後，どのような補助発問やまとめの発問をするかで主発問が構想通りに機能するかどうかを左右することになる。発問同士の影響を考慮した発問構成が求められるのである。

③なんでそんなことできるの？型の発問

この型の発問としては，「なぜそんなことができるのか」「なぜうまくできないのか」「どうしたらうまくできるようになるのか」「そのことができることにどんなよさがあるのか」が挙げられる。

「なぜそんなことができるのか」は，子供たちはできないのに，なぜ教材

中の人物はできるのかを問うものである。「言葉のおくりもの」でいえば，「なぜすみ子は冷やかされても普通に男子と接することができたのだろう」ということを考えることに当たる。自分たちに足りないものは何かを教材の設定をヒントに考えることにつながるのである。

「なぜうまくできないのか」は，教材中の人物の言動のまずさと自分たちの経験を重ねながら，うまくいかない原因を考えさせるものである。「言葉のおくりもの」でいえば，「一郎（たかし）はなぜすみ子のように行動することができないのだろう」といった発問になる。自分たちができない理由を考えさせてもなかなかメタ認知までにはつながらないが，教材中の人物への自我関与を促すことによって，自分たちの生活の課題を直視し，改善の糸口を見出せるようなるのである。

「どうしたらうまくできるようになるのか」は，うまくいかない原因を踏まえ，課題を解決する方法を考える発問である。「言葉のおくりもの」でいえば，「一郎は，すみ子とどのように関わったらよいと思いますか」ということになるが，この発問では先にも述べたように漠然とした決意表明のような抽象的な発言しか期待できないので，行動の仕方の背後にある「思い」を引き出すことが必要となる。また，自分たちの生活のなかでどうしたらよいかという日常化を図る課題として考えさせていくことも効果的である。

「そのことができることにどんなよさがあるのか」は，そのように行動することのよさを考えさせることで，対象となる道徳的価値を実現することがよりよく生きることにつながることを意識するようになる発問である。「言葉のおくりもの」では，「男女がうまく関わりながら生活するとどんなよいことがあるのでしょう」といった問いになる。そうすることを実現できた先を考えることで，「なぜそうした方がよいか」を考えるきっかけにもなる。

2　よく考えると，それっておかしくない？型

①よく考えると，それっておかしくない？型とは

　一見当たり前のように思えるけれど，よくよく考えると矛盾しているということは日常のなかでも（しばしばではないが）間違いなくある。そういう出来事について，ボーっとしていると，当たり前のように思ったことを当たり前としてしまうことが実は多い。自分に関わる目の前の出来事についてもそうであるし，また，ニュースなどの出来事を見聞きした場合であればなおさらである。

　このようによく考えればおかしいと思うはずなのに，そう思わず当たり前としてしまうのは，「よく考えないで決めつけているから」である。瞬間的に行動の仕方や決断などを迫られるときには，当然ながら考える時間が与えられていないので場当たり的に答えを出してしまうことが多いが，よく考える時間が与えられている場合でも私たちは意外とよく考えないで，一見当たり前の，ステレオタイプの答えに飛びついてしまうことが多い。

　そして，「わかりきったこと」を求めることは，まさにこの「一見当たり前と思うこと」を子供たちに求めていることと同じなのである。つまり，穿った言い方をすれば，「わかりきったこと」を出させるような発問を繰り返す授業をしていることが，子供たちを「よく考える」ことから遠ざけているともいえるのではないか。

　そうならないようにするためにも，当たり前のように思えることの奥にある，真実に気づかせ，そこにある矛盾について考えるようにすることが「問題の本質」に迫ることにつながる。もちろん，そういったことは教師の側から指摘してやらなくても子供たち自身が思っていて，薄々気づいている場合もあるだろう。そういう「問題の本質」に気づく目を育てることで，先入観にとらわれず，真の正しさを追究する子供たちになっていく。

　私たちの周りには「おかしくない？」と思うことが山積しているが，一向に解決しないことが多い。そういうことに敏感に気づく子供たちを育てるこ

とが，正しいようでおかしいことを解決することにつながるかもしれないのである。

②よく考えると，それっておかしくない？型の例

　ここでは，「ふれあい直売所」（中学校1年対象，遵法精神，公徳心）を例に，よく考えると，それっておかしくない？型の授業づくりについて述べる。

　あらすじは次の通りである。

　結婚して東京都から愛媛県に移ってきた「私」は，野菜作りをし，無人の直売所で売っている。ときどき売り上げが合わないこともあり，そのことを実家で暮らす妹に話すと，無人販売をやめて出荷すべきと諭される。しかし，自分が作った野菜を楽しみに買いに来てくれる親子の姿などを見ると，これからも直売所を続けていこうと強く決意する。

　主人公「私」は，多少お金が足りなくても，ごまかされたとは思わずに「子供が来て間違ったのかもしれない」などと好意的に受け止めている。しかし，妹に一生懸命働いて育てた作物なのだから，しっかりと利益を生み出すようにしないのはおかしいと指摘され，「もやもやした気持ち」になる。妹の言い分ももっともである。そんなときに，自分の野菜を楽しみにしている親子の会話を聞く中で心が晴れていく「いい話」ではあるが，心の中の「もやもや」が晴れない方も多いのではないだろうか。

　この教材の「わかりきったこと」と「問題の本質」を図にまとめた。

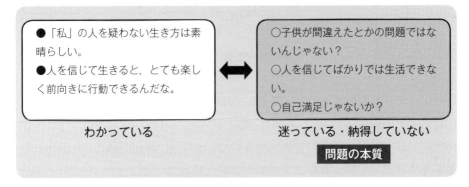

● 「私」の人を疑わない生き方は素晴らしい。
● 人を信じて生きると，とても楽しく前向きに行動できるんだな。

○子供が間違えたとかの問題ではないんじゃない？
○人を信じてばかりでは生活できない。
○自己満足じゃないか？

わかっている　　　　迷っている・納得していない

問題の本質

「私」の人を疑わずに生きている生き方が素晴らしいことは誰もが思うところだろう。そして，そういうふうに生きることができれば，とても気持ちよく前向きに生きられることを誰もが肯定するだろう。子供たちも「私」の素晴らしさをしっかりと受け止めることができるし，そういう行動のあり方が望ましいことも十分にわかっている。「わかりきったこと」である。

　しかし，現実に目を向けると，無人販売所の野菜などをお金を払わずに持って行ってしまう＝盗む人が少なくない。たまたま，「私」の無人販売所がそれほど多くの被害を受けていないだけなのかもしれない。そういう状況の中で，「私」の対応の仕方に妹のように疑問を抱く子供も少なからずいるのではないか。そこでの子供たちの「よく考えると，それっておかしくない？」という思いを受け止め，おかしいのかおかしくないのか，どうすればよいのかを考え合うことに「問題の本質」がある。

　教科書には，「『私』の『もやもやした気持ち』が一気に晴れたのはどうしてだろう」という問題提起がされているが，この問いから答えられるのは，「私」の行動を肯定する立場の意見でしかない。この問いを発問として使うとしても，前半での「わかりきったこと」を明らかにしておく段階で使うこととし，その後，「みんなは『私』の考え方に賛成ですか？」と投げかけることで，まずは疑問に思っている子供の意見を取り上げたい。そのうえで，「どうすることがよいかを考え，話し合う」活動を行う。この話し合いに1つの正解はないのであり，様々な状況，様々な人を想定し，お互いの善意を大切にしながら，1つの経済活動として行っていくにはどうしたらよいかを考えさせたい。このような現実論と理想論との融合の仕方を考えることは，独り立ちをする時期に近づいている中学生にとっては相応しい学習となる。

③よく考えると，それっておかしくない？型の発問

　この型の発問としては，「この行動について，おかしいと思いますか，思いませんか？」「なぜおかしいと思うのですか？」「どうすることが正しいと思いますか？」「どうすることが最もよいと思いますか？」「自分だったらどうしますか？」といったものが挙げられる。

　「この行動について，おかしいと思いますか，思いませんか？」は，スト
レートに子供たちの感じ方を問うものである。直感でもよいので，各自の感
じるままの思いを出させるなかで，本音に向かい合わせていきたい。しかし，
「おかしい」を誘導する反語的な発問になってしまってはいけない。あくま
でも「あなたはどちらだと思いますか」という中立的なスタンスでの発問と
して，子供たちに受け止められるものでなければならない。

　このように引き出した本音に対して，「なぜおかしいと思うのですか？」
とそう思う理由を問う。おかしいと思うことは直感的なもので，明確な理由
を伴っていないことも多いが，後からじっくり理由を考えさせることで，自
分を納得させることにもなる。この発問は，メインの発問となることは少な
いが，次の「どうすることが正しい（あるいは，最もよい）と思います
か？」という発問で，複数の選択肢から最善と考えられる行動の仕方を選ぶ
際に，偏っていない考え方で判断，決断をすることにつながるのである。

　「どうすることが正しいと思いますか？」と「どうすることが最もよいと
思いますか？」とは，どちらもよりよい生き方や結果を導き出そうとするも
のである。両者は似ているが，考える子供の側からすると，そこで働く心の
動きが微妙に異なる。前者は，「正しさ」というバイアスがかかるのでグレ
ーゾーンにある選択肢は排除するようになる。働く道徳的価値でいえば「規
則の尊重」や「遵法精神，公徳心」である。一方で，稿者についてはグレー
ゾーン，あるいは完全に決まりに反することであっても，状況を考えるとそ
れもありだと考えることのある「善悪の判断」に委ねるものである。どちら
を子供たちに求めるかをよく考えたうえで，発問として使いたいものである。

　「自分だったらどうしますか？」は，上記の正しさを求める発問と最善を
求める発問の区別をせず，いろいろな道徳的価値を背景にした考えを出させ
ようとするものである。子供たちから出された意見を，背景となる道徳的価
値ごとにまとめながら話し合わせる必要が生じるが，多様な思いを引き出す
のに向いている発問の形である。

3 すごすぎて自分とは関係ないかもね型

①すごすぎて自分とは関係ないかもね型とは

　他の人が成し遂げたことやそれに向けて努力を積み重ねたことを知ったとき，「すごい」というのは十分理解できるが，自分にもそれができるとは思えない場合も多い。もちろんその人と同じように自分もできるとよいということは頭ではわかってはいるけれども，実際に自分も行動できるか，といえばその自信はないという場合である。稿者自身も，例えば日本人選手が海外サッカーでよい成績を残したというニュースを知ったとしても，「すごい」「うれしい」とは思えども，「自分も同じようなすごいことができる」と思い行動していくことはできないだろう。

　しかし，道徳授業となると，子供たちに偉人の話を読ませ，「自分も同じようなすごい人になりたい」と思わせようと授業してしまいがちである。一部の子はそう思えるかもしれないが，年齢が高まって自分を客観的に見られるようになればなるほど，「自分もそうなりたい」と本音で思える子は少なくなっていくのではないだろうか。そうなると，偉人の「すごさ」は「わかりきったこと」であり，子供たちの本音は「すごすぎて自分とは関係ないかもね」である。

　偉人と自分とでは，置かれている状況も能力も違う。だからこそ「自分とは関係ない」と思ってしまう。子供たちの本音はここにあり，それが「問題の本質」である。だとすれば，自分に引き寄せて考えさせる必要がある。「自分と比べると，偉人のすごさはどのような点なのか」「自分に置き換えるとどんなことなのか」ということを考えさせることで「自分事」となっていくだろう。また，そのうえで「自分の生活に生かせるところは何か」ということを考えさせると，偉人のすごさと自分とを照らし合わせた，現実的な考えをもたせることができ，「自分もそうなりたい」と思わせようとして「すごすぎて関係ない」と思わせてしまうような授業よりも実りのある学習となる。

②すごすぎて自分とは関係ないかもね型の例

　ここでは，「いつも全力で〜首位打者イチロー」（小学校高学年対象，希望と勇気，努力と強い意志）を例に，「すごすぎて自分とは関係ないかもね型」の授業づくりについて述べる。

　あらすじは次の通りである。

　アメリカのメジャーリーグで大活躍し，大記録を打ち立てたイチロー。日本でも，記録のために休むなどせず正々堂々と記録に挑み，大記録を打ち出している。1994年，残り4試合の消化試合を休めば日本歴代1位の記録を出せたにもかかわらず，イチローは全試合に出場し，全力を出し続けた。イチロー自身もそれを誇りに思っている。

　イチローの試合に取り組む姿勢を通して，努力して物事をやり抜くということについて考える教材である。大記録を目の前にして，あえて試合を欠場しなかった，という偉人の特殊な状況が，この問題を子供たちから「遠い」問題にしてしまっている。しかしながら，イチローがしていることは結局「自分の置かれた状況で自分がすべきと思うことを続ける」ということであり，このように問題を抽出できれば，子供たちは「自分事」として捉えることができるようになったり，自分の生活で生かそうとすることができたりする。

　この教材の「わかりきったこと」と「問題の本質」を図にまとめた。

わかっている	迷っている・納得していない
●欠場すればイチローは日本一の記録をつくれたのにそれをしなかったのはすごいことだ。 ●イチローのようにどんなときも全力で取り組んで結果を出すような人になれると素晴らしい。	○そう言われても自分はこんな大記録がかかった状況になったことはないしな。 ○自分がすべきことってどんなことがあるかな。 ○自分がイチローの生き方から学べることはなんだろう。

問題の本質

この教材を読んだときに子供たちにインパクト強く伝わるのは，「イチローのすごさ」である。大記録を打ち立てたこと，そしてそれだけにこだわらず，763試合連続で出場し続けたこと。これらは「わかりきったこと」であり，子供たちは一度読んだだけで十分認識している。

　しかし，イチローのすごさは子供たちにとって遠い存在のものである。「大記録」や「763試合連続出場」というインパクトの大きい具体的事実に引っ張られると「イチローはすごい」という捉えで終わり，「自分事」になっていかない。「結局，自分とは関係ないな」という本音をもっている。この本音にこそ，「問題の本質」が隠されている。

　「自分とは関係ないな」という本音を乗り越えていくには，イチローのすごさを抽出し，自分に引きつけさせていく必要がある。イチローはものすごい野球の才能を持ち合わせていることを除けば，「試合に出場することを続けた」ということが今回の「問題の本質」である。それは，換言すれば「自分のすべきことを続けた」ということになる。であるから，そこに気づかせることができれば，子供たちは自分に引きつけて考えていくことができる。

　そうであれば，教材を読んだ後の諸確認の発問として，「あなたと比べて，イチローのすごいところはなんだと思いますか。野球がうまいということは除きます」と尋ねる。そうすると「記録を出したこと」も出されるが「休んで記録を出そうとしなかったこと」や「試合に出続けたこと」等が出てくるだろう。イチロー自身もそのことを誇りに思っていることを押さえておく。この際，子供たちはもちろん文章のなかで考えているのだが，同時に自分と照らし合わせて考えている。そのうえで，「（自分も含めて）多くの人はいつも全力で続けることはできない」ということを押さえる。そして，主発問は「どうすればすべきことを全力で続けていくことができるか」ということを考えさせる。そうすると，「結果が出なくてもあきらめない」「それを好きになる」などが，イチローから学んだことと自分の経験とを重ね合わせながら出される。

　この主発問を受けたまとめの発問として，「イチローから学んだことを少

しでも生かすとすれば、自分の生活のどんなところに生かしたいか考えよう」と投げかけ、具体的に学校生活や家庭、習い事などで考えさせる。

　主発問で子供たちの心をザワつかせた後、このように自分の具体的な生活場面に落とし込んで考えさせることで、「イチローのようにいつも全力で頑張りたい」というような「わかりきった」理想論を語らせて終わるのではなく、「習い事をしていて面倒くさくなることがあるけれど、自分で好きで始めたのだから結果が出ても出なくても続けてみたい」などと、現実的で自分の状況に合った考えを出させていきたい。

③すごすぎて自分とは関係ないかもね型の発問

　この型の発問としては、「あなたと比べて○○のすごいところはどこか」「どうして私たちにはできないのか」「どうすれば私たちも少しはできるか」「私たちが生かすとしたらどんなことに生かせそうか」が挙げられる。

　「あなたと比べて○○のすごいところはどこか」は、子供たちの生活経験と結びつけて、すごさを再点検させることをねらっている。「あなたと比べて」とあえて言葉を入れることで、偉人の一般的な「すごさ」（イチローの場合、野球の才能があったこと等）だけでなく、自分の目から見た「すごさ」を発見しようとする。その過程で偉人の「すごさ」が「自分事」になっていく。

　「どうして私たちにはできないのか」は、自分たちと偉人との違いを考える問いである。自分たちができない理由を単体で考えさせてもなかなか答えの要素は見つからないが、偉人と対比させることで見えてくる。

　「どうすれば私たちも少しはできるか」は、偉人のすごさを対象化し、自分たちがそのように行動することができるかを考える発問である。全てを真似することはできなくとも、自分の生活の中で「少しは」できるようになるには、と具体的かつ現実的に考えさせるのがよい。

　「私たちが生かすとしたらどんなことに生かせそうか」は、偉人からの学びを総括し、自分が生かせることをまとめさせる問いである。偉人のすごさを「他人事」で終わらせずに、「自分事」に捉えていくことをねらう。

4 わかっているけど，できないんだ型

①わかっているけど，できないんだ型とは

　目標を定めたり，それに向けた日々の行動を自分に課したりすることは多い。しかし，それをその通り実行できる人は決して多くはなく，わかっているけれどなかなかできないものである。

　稿者自身は，人から「ストイックだ」と言われることがあるが（お世辞だということは承知のうえで），自分では自分に課したことの半分もできていないと常日頃感じている。読者諸氏はいかがであろうか。ご自分に課したことなどで「わかっているけど，できないんだ」ということはないだろうか。

　大人でもこういうことは少なくないとしたら，子供はなおさら多いと予想がつく。日頃子供たちの様子を見ている稿者の目から見ても，「わかっているけど，できないんだ」という子供の姿は多い。

　また，「人に親切にしなければならない」「節度ある生活をしなければならない」「無駄遣いをしてはいけない」などの課題も同様である。子供たちは「しなくてはいけない」または「してはいけない」ということは「わかりきっ」ている。しかし人々は，現実ではなかなかそれができないのである。

　こういう場面を題材にした教材では，子供たちが「わかっているけど，できないんだ」という思いをもつことが予想される。登場人物も同様に「わかっているけど，できない」で失敗するという状況が描かれていることが多い。しかしながら，肝心の授業展開が，その登場人物の失敗から「やっぱりやらなくてはいけないことはしっかりやらなくてはいけないよね」という理想論を子供たちに改めて言わせるような展開であれば，それは「わかりきったこと」の範疇を超えず，現実的ではない。

　「わかっているけど，できない」の奥底には，「やっぱりできるようになりたい」という子供たちの思いがある。だからこそ，「わかっているけど，なかなかできない」という前提に立ち，「なぜできないのか」や「どうしたらできそうか」ということを考えさせていくような場を用意することで，理想

と現実との間で自分なりの答えを導き出していける。

②わかっているけど，できないんだ型の例

　ここでは，「目覚まし時計」（小学校中学年対象，節度，節制）を例に，わかっているけど，できないんだ型の授業づくりについて述べる。

　あらすじは次の通りである。

> 　よし子は，4年生になったお祝いに目覚まし時計を買ってもらった。母から，「できるだけ自分のことは自分でしなくてはね」と言われ，意気揚々と自分のスケジュールを細かく決めるよし子。初めのうちは守れていたけれど，段々と夜遅くまでテレビを見るなどして守れなくなっていき，とうとう寝不足で保健室に行き休まなくてはいけないことになってしまった。

　中学年の子供たちの規則正しい生活を送ることや自立について考える教材である。低学年の頃には，子供たちは保護者や教師から言われた通りにすることで，規則正しい生活ができていて，教材文のような失敗をすることはなかっただろう。しかし，中学年になり，段々「自分のことは自分で」と自立をしようとしたり，促されたりするなかで，「わかっているけどできない」という失敗を経験することが多いだろう。もちろん子供たちは，規則正しい生活をすることや自分のことは自分でする方がよいとわかっている。しかし，それを妨げる何かがあって，できないことがあるのである。

　この教材の「わかりきったこと」と「問題の本質」を図にまとめた。

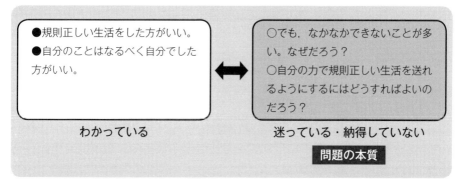

●規則正しい生活をした方がいい。
●自分のことはなるべく自分でした方がいい。

わかっている

○でも，なかなかできないことが多い。なぜだろう？
○自分の力で規則正しい生活を送れるようにするにはどうすればよいのだろう？

迷っている・納得していない

問題の本質

　この教材からは，中学年になったのだから「自分のことは自分で」するこ

とや規則正しく生活を送ることが強く子供たちに求められていることが伝わってくる。これが「わかりきったこと」である。

　しかし，わかってはいても自分でやると決めたのにできない，ついついだらけた生活を送ってしまうというのは，中学年以降の子供たちだけでなく中高生や大学生，大人でも大いにあり得ることである。よって，「なぜできないのか」や「どうすればできるか」ということは，子供たちが自分事として考えなければならない「問題の本質」である。

　この実態を踏まえて，「問題の本質」の解決につながる課題を考えたい。「やっぱり自分のことは自分でするようにする」「これからは規則正しい生活を送りたい」といったお題目でまとめるような授業では，「わかりきったこと」をなぞるだけである。

　そこで，「なぜ自分ですると決めたのにできないのだと思いますか」という主発問をしたい。この発問では，子供たちはもちろん主人公であるよし子について考えるが，同時に自分の現実と重ねて考えることになる。「面倒になってしまうから」「ついつい自分の目標を忘れてしまうから」「最初だけやる気が高くて，そのうち下がってしまうから」など自分の実体験と照らし合わせた意見が出てくることで，自分の課題として考えることにつながる。

　この主発問を受けたまとめの発問として，「自分がやろうと決めていることができなくならないための作戦を考えよう」と投げかけ，具体的な自分の生活場面を想定して考えさせるとよい。ここでは，一人一人の子供たちに自分がやろうと決めていることを出させて，それに対して作戦を考えさせていくようにする。「自分がやろうと決めていることをするために必要なのはなんですか」などという発問では，「忘れないこと」「頑張ること」「努力すること」といったように，結局抽象的で「わかりきった」ことを話すのに終始させてしまう。そうではなくて，具体的に個々の生活場面に落とし込み，「できなくならない」ような手立てを考えさせることで，現実的で実際に使えて，役に立つ議論や思考ができる。

③わかっているけど，できないんだ型の発問

　この型の発問としては，「なぜできないのか」「ついつい○○してしまうのはなぜか」「どうしたらできそうか」「どうしたらできなくならないか」が挙げられる。

　「なぜできないのか」は，教材中の人物が，自分で決めたことや正しいとわかっていることを，なぜできないのかを問うものである。子供たちは，教材中の人物に自分を当てはめながら，それらができない理由を考えることになり，学年によっては，自分の弱さに気づかせることもできる。「目覚まし時計」では，「なぜ自分ですると決めたことができないのだろうか」となる。

　「ついつい○○してしまうのはなぜか」は，教材中の人物が，だめだとわかっているのにしてしまうのはなぜかを考えさせるものである。ここでも，子供たちは，教材中の人物に自分を当てはめながら，ついついしてしまう理由を考えることになる。「目覚まし時計」では，「ついつい夜更かししてしまうのはなぜだろうか」となる。

　「どうしたらできそうか」は，自分の生活場面を想定し，自分で決めたことやした方がいいことを，どうすればできるかを考えさせるものである。ここでは，具体的に子供たち一人一人の生活場面に当てはめて考えさせることが重要である。「目覚まし時計」では，「どうすれば，自分で決めたことをやり続けることができるだろうか」となる。この発問の前に，「自分がやると決めていることを書き出そう」と具体的場面を挙げさせておくとよいだろう。

　「どうしたらできなくならないか」も，自分の生活場面を想定し，なおかつそれが「できなくなる（ことが多い）」ということを想定したうえでそうならないためにどうすればよいかを考えさせるものである。「どうしたらできそうか」と似ているが，より一層課題とされている行動を続けるのが難しいという場合，こちらの発問の方が有効であり，現実的に考えられるだろう。「目覚まし時計」では，「自分がやろうと決めていることができなくならないための作戦を考えよう」などとなる。

5　どうしたらいいの？型

①どうしたらいいの？型とは

　現実的な課題では，いくつか選択肢があるときに「どちらかが絶対的な正解」であるということはまずない。例えば，地球温暖化の問題にしても，正論からいえばCO_2を出すのをやめていけばよい，ということになるが，それでは経済活動が滞ってしまい，結果的に苦しむ人が続出する。新型コロナウイルスの問題にしても，未だに「マスクをすべきかどうか」や「黙食の是非」などで人々の意見は割れている。

　また卑近な例を挙げれば，夫婦間や親子間の問題，はたまた友人関係や進学や転職の際の葛藤なども同様である。これらは２つ（あるいはそれ以上）の選択肢を前にして「どうしたらいいの」かと迷うような課題である。社会問題や我々の人生において，たった１つの正解がある課題よりもむしろこうした課題の方が多く，溢れているといえる。

　このような問題に直面したとき，重要なことは周りに流されて「なんとなく」自分の考えをもったような気になって行動するのではなく，冷静に問題を見つめ直し，明確な理由をもって判断を下すことである。

　こういう，いくつかの選択肢があるような場面を題材にした教材では，子供たちは「どうしたらいいのかわからない」と迷っていつつも，「わかりきっている」こともある。どちらかの選択肢を選べば，当然選べない選択肢が出てくるのであり，そしてその際のデメリットが出てくるのである。こういうことは「わかりきっている」ことであり，子供たちに選択肢を選ばせて，これらを理由づけさせるだけでは，「わかりきっている」ことをなぞる授業になってしまう。そこに，「問題の本質」は存在しない。そこで，「それぞれの選択肢を選んだときの，最悪の場合を考えてみよう」とその後のことを想像させ，「それでも，自分が後悔しないと思えるのはどちらか（どれか）」と考えさせる。そうすることで，子供たちの思考は「わかりきったこと」に留まらず，その後起こり得ることを想像し，総合的に判断を下すようになる。

②どうしたらいいの？型の例

　ここでは，「星野君の二るい打」（小学校高学年対象，規則の尊重）を例に，どうしたらいいの？型の授業づくりについて述べる。

　あらすじは次の通りである。

　少年野球の選手権大会をかけた試合。星野君は今日ヒットを打てていなかった。7回の裏ランナー1塁で打順が回ってきた。しかし，監督からはバントの指令が出た。星野君は迷ったが，打てる自信があったので打つことにした。見事ヒットを打ってチームは勝利。選手権大会に駒を進めた。しかし，翌日監督からは「チームのことを第一に考えて作戦通りにプレーをする」というみんなで話し合って決めたチームのルールを破ったとして，次の試合はベンチで応援をするように，と命じられてしまう。

　高学年に向けた，規則の尊重について考える教材である。これまでの道徳の授業やそれ以外の学級指導等でも，再三子供たちは「ルールを守るように」と聞かされてきている。また，ルールを守る理由について聞かれたとしても，「集団のため」とか「他の人の権利を守るため」など，高学年の子供であればある程度答えることはできるだろう。しかし，ルールは「どんなときも」守るべきか，と問われると疑問が残る。本教材もそのような状況であり，見方によっては星野君は自分の判断でチームをよい結果に導いたとも見える。

　この教材の「わかりきったこと」と「問題の本質」を図にまとめた。

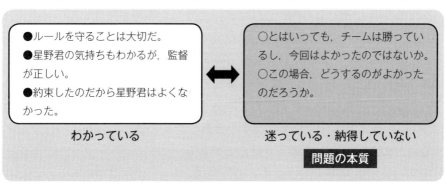

この教材では，もちろん「監督の指示に従う（ルールを守る）」という選択肢を選ぶのが「正しい」のだということは子供たちも理解しているだろう。一方で，「自分の判断で打つ」という星野君の判断も「正しい」のではないかと思う子もいるだろう。

　子供たちの思いは2つの選択肢の間で揺れており，「どうすればいいのだろう」という疑問を感じている。この疑問こそ「問題の本質」である。教材文を「絶対的な正解」と捉え，人物の思いを考えるだけでは「やっぱりルールを守ることは大切」と「わかりきったこと」をなぞるだけで「問題の本質」を議論することはできない。自分なりに熟考して，明確な理由をもって判断して選択できるような場を用意することでこそ子供たちの心はザワつく。

　では，「どうすればよかったのか」をストレートに話し合わせればよいのだろうか。2つ注意点を挙げておく。

　その1つが抜け道をつくるのに躍起にならせないことである。明確な理由をもって判断し選択することが大切なのであって，一休さんのようなとんちを競う場ではない。「星野君の二るい打」であれば，「監督を説得して，納得してもらってから打つ」などである。現実性もない。

　もう1つが，「わかりきったこと」に終始しないことである。「星野君の二るい打」では，「チームのルールはみんなで決めたから守るべき」とか「でも勝てたのだから星野君が自分で判断したのは正しいと思う」など，本文に書かれていることは，既に子供たちにとって「わかりきったこと」である。

　ストレートに話し合わせただけでは，こうした問題が発生する。

　そこで，選択肢を「監督の指令に従うか自分の判断で打つ」の2つと絞り，抜け道はなしとしたうえで，主発問「それぞれの選択肢を選んだとき，最悪の結果を考えてみよう」と投げかける。そうすることで，文章に書かれている「わかりきったこと」を超えた，判断の材料が見つかってくる。例えば，「打つ」を選んだ場合，今回はたまたま勝ったからよかったが，負けたらどうなっていたか，などを考えさせるのである。

　そのうえで主発問を受けたまとめの発問として，「結果がどうなったとし

ても，自分が後悔しないと思える選択肢はどちらか」と投げかけ，自分の意見を言わせていく。主発問によって，選択肢が絞られており，なおかつそれぞれの選択肢のその後が想像されているので，「わかりきったこと」ではない理由づけがされた意見が出されていくだろう。

③どうしたらいいの？型の発問

　この型の発問としては，「何と何（と何）で迷いますか」「それぞれの選択肢を選んだとき，最悪の結果を考えてみよう」「それでも，自分が後悔しないと思えるのはどちらか（どれか）」が挙げられる。

　「何と何（と何）で迷いますか」は，選択肢を確認するものである。ここで，話の内容と迷っている選択肢を整理するとともに，「抜け道」はないということを確認しておくことが，後の議論をかみ合わせるうえで重要である。「星野君の二るい打」でも「何をするのと何をするのとで迷いますか」となる。選択肢がいくつかある場合などは，何があるのかをしっかり確かめておくことが大切である。

　「それぞれの選択肢を選んだとき，最悪の結果を考えてみよう」は，文章に書かれているような「わかりきったこと」ではなく，自分が選んだ選択肢で起こり得ることを想像させるものである。「星野君の二るい打」では，「監督の指令に従った場合，最悪の結果はなんだろうか」や「自分の判断で打った場合，最悪の結果はなんだろうか」という発問になる。同時にどちらの選択肢も検討させていくので，表などで整理させてもよいだろう。

　「それでも，自分が後悔しないと思えるのはどちらか（どれか）」は，前の発問で「最悪の事態」を想定した後，どちらの方が自分は受け入れられるかを問うものである。「星野君の二るい打」でも同様の発問になる。このような，価値と価値とが対抗している状況では，「こちらが絶対正しい」といえる選択肢は存在しない。どちらにもメリット，デメリットがある。だからこそ，最悪の事態を踏まえたうえで，最終的には，後悔しないかどうかを基準に選ばせることで，個人の善悪の判断基準や価値観，美学のようなものが明確になっていくと考えた。

第4章

「ザワつく」道徳授業
プラン

小学校2年　　内容項目　B［親切，思いやり］

1 「とくべつなたからもの」
（「くまくんのたからもの」）

光文，東書

1 教材について

　くまくんが，ママに作ってもらったかばんにいろいろな宝物を入れていると，ねずみの子が穴に落ちて泣いていた。くまくんは穴に入って，ねずみの子を穴から出してやろうとするが，片手にねずみの子をかかえていて，もう片方の手だけでは穴を上ることができない。そこで，バッグの中の「たからもの」を全部捨ててしまい，代わりにねずみの子を入れて穴から脱出する。穴から出ると，ねずみの子から一つだけ握っていたどんぐりを渡されると，くまくんは「これはとくべつなたからもの」と思うというストーリーである。

出来事	くまくんの思い	くまくんの言動	ねずみの子の思い・言動
ママに作ってもらったかばんにいろいろな宝物を入れていると，ねずみの子が穴に落ちて泣いていた。	?1	「おもしろいはっぱ」「ぴかぴかのどんぐり」たからものでいっぱい。 「いま，ぼくがいくからね」	「えーん，えーん」
穴の下に降りる。			泣きながらくまくんのむねにとびつく。
かばんに入れて助けてあげる。	?2	「もう，だいじょうぶだよ」かたほうの手だけではうまくのぼれない。「ええい!!」かばんをさかさまにふる。	
ねずみの子がどんぐりを一つ渡す。	一つでもこれはとくべつなたからものなんだ。 ?3		「これ……，おにいちゃんのたからもの」

2 教材の勘所

　くまくんにとって，「ママに作ってもらった小さなかばん」自体が宝物であり，だから，その中に入れるはっぱやどんぐりも宝物になるのである。そんな宝物をねずみの子と引き換えに捨ててしまうことは，くまくんにとって

苦渋の決断だったはずである。

　では，大事な宝物と引き換えにしたものとは一体なんだったのだろう（？2）。このことが，この教材の1つ目のポイントである。これは，くまくんが泣いているねずみの子をかわいそうに思い，なんとかしてやりたいという気持ちであろう。この思いやりの気持ちこそ，困難を打ち砕く大きなエネルギーになるのである。

　ポイントの2つ目は，ねずみの子が持ち帰ったたった一つのどんぐりを，くまくんが「とくべつなたからもの」と思ったことである。なぜ「とくべつ」なのだろう（？3）。このことは，感覚ではなんとなくわかるのだが，理屈では象徴や隠喩を解明することになり，大人にとってもわかりやすく説明することは難しく，まして小学校1年生にはなおさらである。全てを理解させる必要は全くないので，謎のままにしておくのも選択肢の1つである。

3　問題の本質を捉える

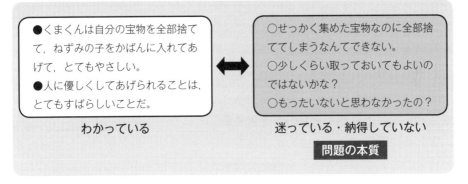

4　子供の思いを捉える

○子供たちがわかっていること，納得していること

　子供たちは，たとえうまく説明できなくとも，くまくんがねずみの子にしてあげた自己犠牲的な行動をとても好ましく思っているだろうし，それが優しさによるものであることもわかっている。自分自身も優しくされるとうれ

しいし，逆に人に優しくしてあげたいとも思っていることは確かである。

○子供たちが迷っていること，納得していないこと

　しかし，優しさの素晴らしさを知っているからといって，必ずしもできるということでもない。そんな子供たちにとって，くまくんの行動は自分たちの優しさのレベルを超えたものであり，「なぜそんなことできるの？」というレベルにある。全部捨ててしまう必要が本当にあるのか，とか，少しくらい取っておけばいいのにという思いを捨てきれない。ここに「問題の本質」がある。そういう心の奥にある思いを顕在化させ，その疑問に答えられる見解を探すことは，子供たちにとって意味あることになる。

5　なんでそんなことできるの？型の授業デザイン

　この授業では，先述の第1のポイントを中心に考えることにしたい。そこで中心となるのは，くまくんがなぜ宝物を捨ててしまったのかである。このことを考えることは，この教材で思いやりについて考えるうえで欠かせないことである。ただし，それだけでは頭では考えても心で考えることにつながりにくい。そこで，その前に，**くまくんのように宝物を全部捨ててしまうことができるか**を問う。答えは，「できる」「できない」様々であるが，いずれにしても自分の心と相談して，できるのか，できないのかを決めるだろう。つまり，この時点で子供たちは**自分事としてくまくんの行動を受け止め**，なぜ**「そんなこと」ができたのかを考える**ことになっていくのである。

　まとめの段階では，くまくんが得たであろう宝物，人に優しくしてあげると自分がうれしくなることを自分の経験から探す活動をする。人に優しくしてもらってうれしくなることは，子供たちにとって日常的なことだが，優しくする側がうれしくなることについて考えることで，1年生の子供たちにとっての思いやりの意義もより広がっていくだろう。

6　本時の授業プラン

本時のねらい　せっかく集めた宝物をなぜ捨ててしまったのかを考えることにより，相手を思う気持ちの大きさに気づき，思いやりをもって行動することの素晴らしさを知る。

学習活動（○は発問，◎は主発問）	留意点等
○「みなさんは，他の人に優しくしてあげること，できますか？」 ❶めあてを確認する。 　やさしくすることについて考えよう。 ❷教材を読み，考え合う。 ○「みなさんもくまくんのように自分のせっかくの宝物を全部捨ててしまうこと，できますか？」 ・大事なものを捨てるなんてできない。 ・もったいないじゃん。 ◎「なぜくまくんは捨ててしまったんでしょうか？」 ・…………。 ・宝物よりねずみの子の方が大事だから。 ・なぜ宝物より大事なの？ ○「ねずみの子を助けてあげたくまくんに一言言ってあげましょう」（ワークシートに書く） ・くまくん，自分の宝物を捨ててまでねずみの子を助けてあげてえらいね。 ・一つだけのどんぐりはいいことをした勲章だね。大事にしてね。 ❸人に優しくしてあげて，自分がうれしくなった経験を出し合って，まとめ，振り返りとする。	・深く考えず，直感的に答えさせることで，実態を押さえられるようにする。 ・導入での問いかけの延長として，くまくんのようにするのは難しいことを確認する。 ・まずペアで考えさせ，じっくりと話し合わせ多様な考えを引き出したい。 ・話しかけるように書くことで，心からの思いを表現できるようにする。 ・最後は書く活動ではなく，自由に思いを出し合ってまとめとする。

小学校6年　　内容項目　D［感動，畏敬の念］

2　「青の洞門」

あかつき，学図，学研，光文，東書，日文

1　教材について

　旅僧了海は，元は侍で主人を殺してしまい，逃亡するなかで盗みや殺人を繰り返していた。その後，良心に耐えかねて修行僧となり，贖罪のために人助けをしようと諸国を巡っていた。ある村を訪れると，険しい渓谷から人が落ち毎年何人もが死んでいる現場に出くわし，自分の力で洞門を通そうと考える。ひたすら石を穿つ了海を見て，村人は馬鹿にするが，少しずつ穴ができていくと次第に協力するようになる。あるとき，噂を聞きつけて，了海が殺した主人の息子，実之助が仇討ちのためにやってくる。石工たちに「せめて，洞門が完成するまで待ってくれ」と頼まれ，完成を早めるため共に穴を掘り始める。洞門が貫通したとき，仇討ちを果たすことを勧める了海に，実之助はただ了海の手を握り，涙を流すというストーリーである。

出来事	了海の思い	了海の言動	石工・実之助の思い・言動
崖から落ちて死人が出た場に遭遇する。	道をくりぬいて道を通そう。	ようやく渡り終える。	
岩に穴を開け始める。		槌を降り続ける。 穴は40メートルになる。 半分まで進む。	嘲り笑う。 不気味に思う。 やっと気づく。 成功を疑わない。
実之助が了海を探し当てる。	**?1**	切られようとする。 ただ一人槌を振るう。	（実）仇を討とうとする （石）完成するまで待ってくれ…立ちはだかる （実）夜更けに討とうとする…ふるえる…共に働き始める
ついに洞門がつながる。		おどり上がって喜び，泣き，笑った。 「さあ，お切りなされ」	ただ座ったまま。 了海の手を取り，固く握りしめる。 **?2**

2　教材の勘所

時代も現代からは大きく離れているし，題材も想像を絶する時間的，肉体的苦痛を伴う取り組みと仇討ちが入り交じった子供たちの生活にはないもので，内容項目の「感動，畏敬の念」を学ぶには工夫が求められる教材である。

了海が崖に苦しんでいる村人を見て洞門を通そうと考えたことは，ある程度理解できるだろう。しかし，実之助が現れて，洞門が完成したときには自分の命を差し出す，つまり，死に向かって槌を振るうことは子供たちには理解しがたい（？1）。ここでの了海の覚悟と洞門への思いを押さえておくことで，クライマックスで了海が自分の命を進んで差し出そうとすることと結びついて感動を引き起こすことになるかもしれない。もう1つのポイントは，仇討ちのためだけに頑張ってきた実之助がとるまさかの行動である（？2）。なぜ了海を討たず，しかも手を取り合って涙を流し合うようなことになったのか。2人の感動が読み手である子供たちにも伝わり，感動を共有することにつながれば，「感動，畏敬の念」の学びとしては十分である。

3 問題の本質を捉える

わかっている	迷っている・納得していない
●自分はどうなってもよいと思いながら意志を貫き通した了海はすごい。 ●親の仇の了海を討たなかった実之助もすごい。 ●感動的な話だ。	○20年以上も洞門を掘り続けるなんて無理だ。なぜできるの？ ○洞門ができたら死ぬのに，それに向かって頑張るなんて。どういう気持ちなんだろう？ ○感動的だけど現実的でない。 **問題の本質**

4 子供の思いを捉える

○子供たちがわかっていること，納得していること

自分を犠牲にして洞門を掘り，しかも実之助が来ると進んで自分を討たせようとする了海の潔さを子供たちは「すごい」と思うだろう。そして，そん

な了海を討つことを留まった実之助に対しても「かっこいい」と思うに違いない。このように子供たちの捉えを前提として，「了海はすごい」「実之助も立派」ということを引き出してもそれは「わかりきったこと」でしかない。

○子供たちが迷っていること，納得していないこと

　本教材は感動的な物語だが，誰もがその世界に浸ることができるとは限らない。「すごいとは思うけど，小説の中の出来事だよね」と現実的でないことに納得できない子供も少なくないだろう。そう考えると，了海の「すごさ」に焦点を当てて考えていくとおそらく自我関与が難しく，自分事として考えることには結びつかないと考えられる。そこで，本教材では実之助に焦点を当て，なぜ仇討ちをすることをしなかったのかを考えることで，感動を実之助と分かち合う共有体験をし，次のステップに進むことができるだろう。

5　なんでそんなことできるの？型の授業デザイン

　「感動」という言葉を提示せず，じわじわと子供たちに感動を味わわせながら最後に「感動するっていいね」という迫り方もあるが，それでは感動できない子供たちを蚊帳の外に置くことになるので，本時では「感動」について考えることを掲げ，**感動しにくい子供も他の子供が感動しているのを見て「なるほど」と思える**ような授業にする。

　先にも述べたように，本プランでは実之助に焦点を当てて考えることを軸にしていく。了海については，「どんな人？」程度のやり取りのなかで十分にそのすごさは把握できる。そこで捉えた悪い了海とよい了海の二面を前提として，実之助の了海を見る目を探っていく。まずは，「自分だったら了海を許すことができるか否か」を問い，**許したい気持ちもあるけれど，許すことは難しいのではないか**と実之助の葛藤を共有する。そのうえで，**どうして実之助は許すことができたか**を考え，「感動」の中心に迫っていく。その過程で，実際に感動できる子供もいればできない子供もいるだろうが，感動の無理強いはせず，感動した子供の思いを聞く程度に留めておきたい。

6　本時の授業プラン

　本時のねらい　　敵討ちをしようとする実之助の思いを考えることにより，実之助の感動について考えることで感動することの素晴らしさに触れる。

学習活動（○は発問，◎は主発問）	留意点等
○「感動すると鳥肌が立つってよく言われてますが，そういう経験したことはありますか？」 ❶めあてを確認する。 　感動するということについて考えよう。 ❷教材を読み，考え合う。 ○「了海ってどんな人ですか？」 ・最初は悪い人。殺人や盗みをした。 ・人々のために洞門を作った。いい人になった。 ・命は惜しまない。潔いと思う。 ◎「みなさんが実之助だったら，了海を許すことはできますか？」（Google Jamboard の数直線上に自分の考えを表明し，理由を出し合いながら話し合う） できる　　　　　　　　　　　　　できない └──────────┴──────────┘ ○「実之助はどうして許せたのだと思いますか？」 ・了海をすごいと思ったから。 ・抵抗しない人は切れなかったんじゃないかな。 ・了海の気持ちがわかったから？ ・どうでもよくなった？←なんでよくなった？ ・感動したから←何に感動？ ❸振り返り，まとめ。感動するということについて，自分が考えていることを書く。	・子供たちの「感動」の捉えをつかむ。「鳥肌」よりすごい感動は何かを聞くこともよい。 ・この問いにより，人物像を押さえるとともに，やや複雑なストーリーを把握する。 ・Google Jamboard に名前の付箋を貼ることで積極的に話し合いに参加するようになる。次のフレームに理由の付箋を貼るようにしてもよい。 ・発言に対して質問をするようにしていくことで，少しずつ実之助の思いに迫っていくようにする。 ・感動することを無理強いしないまとめとする。

中学校2年　　内容項目　C［国際理解，国際貢献］

3　「六千人の命のビザ」
（「杉原千畝の選択」）

学研（3年），教出，東書

1　教材について

　1940年7月，リトアニア日本領事館の杉原千畝の下には大勢のポーランド人がナチスからの迫害を逃れるためにビザを求めて集まっていた。ビザの発給を一存では決められないと考えた杉原は外務省に打診するが，何度しても許可は下りなかった。それにもかかわらず，押しかける人々を慮って杉原は外務省の意向に背いてビザを発給することを決めた。そして，これ以上リトアニアにいられなくなるぎりぎりまで発給し続け，杉原が命を救った人は6000人にも及んだというストーリーである。

出来事	千畝の思い	千畝の言動	妻，ユダヤ人の思い・言動
領事館にユダヤ人たちが押しかけてきた。		「このままにしてはおけない」	柵を乗り越えようとしている。
ユダヤ人の話を聞き，ビザを求めていることを知り，外務省に電報を送るが許可が下りない。		「国外へ出てしまえばいい」 ?1	
自分の判断でビザを出すことにし，発給を始める。	?2	「外務省に背いてビザを出すことにする」 「いざとなればロシア語で食べていく…」 1ヶ月間，ビザを書き続ける。	電気が走ったような衝撃。
すぐに引き上げろという連絡がくる。	?3	「許してください。私にはもう書けない」 深々と頭を下げた。	

2　教材の勘所

　上図に示した通り，このノンフィクション教材の中の疑問は3箇所ある。1つ目の疑問は，なぜその気もないのに「危険を避けて国外へ出てしまえばいい」などと言ったのかということである。ビザを発給してあげたいという

思いとはうらはらな言葉の真意は理解しにくい。これは，あえて避けるべき疑問である。

　2つ目の疑問は，外務省に反対されているのになぜビザを発給することにしたのかということである。そうすれば国の方針，命令に背くことになり，職を追われるおそれもあるし，何より家族，自身の身に危険が及ぶことも考えられる。実際に杉原はこの行動により外務省を免職され，亡くなった後の2000年まで名誉回復が行われていなかった。このように，ある意味，自らの退路を断つような決断をしたのはなぜか，なぜそんなことができたのかを考えることは意義深いことである。

　3つ目の疑問は，最後にユダヤ人たちに深々と頭を下げたことの意味である。やれるだけのことをやったのに，それでも「許してください」と謝る気持ちはどこから生まれてきたのか。それを考えることで，ビザを発給しようとした杉原の思いを寄り深く探ることにもつながるだろう。

3　問題の本質を捉える

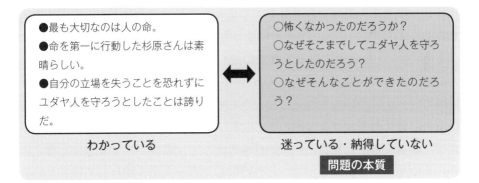

●最も大切なのは人の命。
●命を第一に行動した杉原さんは素晴らしい。
●自分の立場を失うことを恐れずにユダヤ人を守ろうとしたことは誇りだ。

わかっている

○怖くなかったのだろうか？
○なぜそこまでしてユダヤ人を守ろうとしたのだろう？
○なぜそんなことができたのだろう？

迷っている・納得していない

問題の本質

4　子供の思いを捉える

○子供たちがわかっていること，納得していること

　子供たちにとって，最も大切なのは人の命だということはよくわかっているし，その命を守る行動した杉原は素晴らしいと考えているだろう。また，

その行動により，外務省から非難され，自分の立場を失うことは十分予想できるのにそれを恐れずにユダヤ人を守ろうとしたことは誇りだということは十分に納得しているに違いなく，「わかりきったこと」である。

○子供たちが迷っていること，納得していないこと

このように杉原の行動を肯定しながらも，免職されることや家族への危険が迫っていることに対して，「怖くなかったのだろうか？」という思いをもつことは当然であり，また，そういう思いをしながらも「なぜそこまでしてユダヤ人を守ろうとしたのだろう？」と疑問に思い，さらに，「なぜそんなことができたのだろう？」と自分の考えを超えた行動ができたことについて明らかにしたい思いをもつと考え，「問題の本質」もそこにあるといえる。

5 なんでそんなことできるの？型の授業デザイン

本教材は道徳科の教材としてはかなり長く，背景も複雑であり，教材文自体の理解が難しい。そこで，できれば別時間に教材文の読み聞かせだけでもしておくと本時での活動がしやすくなる。ともかく，読み終わった段階で時代背景，出来事の推移をわかりやすくまとめて提示するなどの工夫が必要となる。

本時では，「なぜそこまでできたのか」を考えることで，まずは千畝のしたことの意義の大きさを押さえておく。したことの意味とともに杉原及び家族へのリスクについても明確にしながら考えさせたい。そのうえで，外務省の命令に背く形でビザを発給したことについて，各自がどう考えるかを表明させ，議論する。公務員として，日本人として，人間としてなど様々な立場からその是非を考えるなかで，どう行動したら一人の人間として最もよいのかを考えるきっかけになるものと考える。振り返り，まとめの活動として，世界の中での日本人としての役割の果たし方について，考えるところを抽象的でもよいので各自の考え方を自由に書かせたい。

6 本時の授業プラン

本時のねらい 　杉原千畝の立場を踏まえながらビザの発給の意義を考えることにより，どういう行動をとることが国際貢献につながるかを考える。

学習活動（○は発問，◎は主発問）	留意点等
❶教材を読み，杉原千畝のことをわかりやすく押さえる。感想を出し合う。 ・ビザを書かないのも辛いけど，書くのも辛い。 ・命令に背くのも当時としてはあり得ない。 ・そんななか，最後の最後までやりきってすごい。 ❷めあてを確認し，考え合う。	・難しい問題について長い文章で書かれているので，ざっくりと理解できるようにまとめる。
杉原がなぜそこまでできたのかを考えよう。 ○「なぜそこまでできたのか考えましょう」 ・ユダヤ人の命がかかっているから。 ・妻もすごいね。 ・どちらが正しいことかを考えて選んだ。 ・人間としてどうするのがよいか考えた結果だ。	・この問いでは，杉原の行動の正しさに焦点を当てて考えるようにする。
◎「国のために働く役人なのに，外務省からの命令に反する行動をすることをどう思いますか？〈よい〉〈よくない〉で立場を明らかにして話し合いましょう」 ・仕事という点から見ると，だめだと思う。 ・結果的には，よい選択だったのでは。 ・日本から見るとだめで，世界から見ると最高。 ❸振り返り，まとめとして，世界の中での役割の果たし方について，考えていることを書く。	・「役人」という立場を強調することで，なぜそうしたかをより深く捉えることにつなげたい。必要に応じて，Google Jamboard などを使うこともよい。 ・2000年10月の河野洋平外相（当時）の演説を読み，併せて考える活動もよい。

小学校3年　　内容項目　C［家族愛，家庭生活の充実］

1　「お母さんのせいきゅう書」
（「ブラッドレーのせいきゅう書」）

あかつき，学図，東書（4年），日文，光村（4年）

1　教材について

　たかしはある日の朝，母親の前に一枚の紙切れを置く。それは，たかしがした家の手伝いへの対価を求める請求書だった。母親はそれを読むと，無言でふしぎそうな顔をする。昼食になると，今度はたかしの皿の前に紙切れとその上に500円硬貨が置かれていた。しめしめと思って500円硬貨を手にし，紙切れを開いてみると，それは母親がたかしのためにしていることへの0円の請求書だった。たかしはそれを読んで，涙するというストーリーである。

出来事	たかしの思い	たかしの言動	母の思い・言動
ある日曜日の朝，たかしが請求書をお母さんの前に置く。	?1	お母さんのお皿の前に一枚の紙切れを置いた。	少しふしぎそうな顔。にっこりわらってたかしを見る。 ?2
昼ご飯の時，たかしのお皿の前に一枚の紙切れと500円が置いてあった。	計画がうまくいった。		?3
紙切れを開いて読む。	?4	くり返して読む。しだいになみだがあふれる。	

2　教材の勘所

　「お母さんのせいきゅう書」での疑問をもつポイントは4点である。1つ目は，ある日の朝食時にたかしが母親の皿の前に手伝いの報酬への請求書についてである（？1）。ここでなぜ突然たかしは請求書を渡そうと思ったのかという疑問をもつだろう。そのことは本文中に書かれていないが，子供た

ちは自分の生活になぞらえて，ゲームソフトを買いたいとか友達と遊びに行きたいといった子供ならではの想像をすることで，自分事としていくことにつながる。

　2つ目は，たかしが請求書を書いたことに対しての母親の反応についてである（？2）。このことについて，どういう思いだったかを考える発問をしたらどうだろう。子供たちは，悲しかったとか家族のためだったらなんでもすることをわかってほしいといった気持ちとして捉え，その結果，1時間の思考に「それはいけないこと」というバイアスをかけるようになる可能性がある。よって，稿者なら第2のポイントはスルーする。

　3つ目は，500円硬貨と0円の請求書をたかしに渡した母親の真意である（？3）。母親の真意を捉えさせないと家族愛に迫ることはできないので，この場面についてどういう形にせよ扱う必要があるだろう。

　最後は，涙を流すたかしの気持ちである（？4）。この部分について，扱う指導案は多いが，「泣いて当然だ」と思ってしまうと，この教材で考える道徳的な価値観はとても狭いものになってしまう。よって，このポイントも稿者は扱わずにスルーするだろう。

3　問題の本質を捉える

●家族のために何かをしてあげるのはよいこと。
●自分がしてもらってうれしいから，家族にもしてあげたい。
●お金をもらわないのは，お金のためでなく，家族のためだから。

○自分はお手伝いしてお金もらってるけどどうなんだろう？
○働いてお金もらうことはよくないことなのかな？
○お母さん，お父さんにちょっとは手伝ってよ，って嫌そうに言ってるときあるけど。

わかっている　　　　　　　　迷っている・納得していない

問題の本質

4　子供の思いを捉える

○子供たちがわかっていること，納得していること

　この教材を読むと，家の手伝いをしてお金をもらうのはよくないことで，進んで家族のために何かをしてあげるのがよいという考え方が子供たちに伝わり，確かにそうだと考えるようになるだろう。してもらってうれしいから，家族にもしてあげたいとか，お金をもらわないのは，お金のためでなく，家族のためだからといった，「わかりきったこと」が強化される傾向が強い。

○子供たちが迷っていること，納得していないこと

　しかし，家での仕事をしっかりと分担されていて，給料制のような形で小遣いをもらっている子供もいるだろう。お金をもらおうとするのは正しくなく，無償で働くのが正しいという考え方に疑問を抱くことを自然なことと受け止めることが「家族愛」について「問題の本質」から考えるきっかけになる。

5　よく考えると，それっておかしくない？型の授業デザイン

　まずは，たかしのしたことの善し悪しを子供に問うことにより，**子供たちが手伝いに対してお金を請求したことをどう考えているか**を明らかにしておく。よいと考えてもよくないと考えてもよいので，多様な理由を出させたい。

　それを踏まえて，**たかしと対極となる考え方である母親の請求書が０円であることについての子供たちの考え**を求める。「なぜ０円なのか」ではなく，「**０円であることをどう思うか**」と問うことで，家事について**客観的に考える**ことができ，「**家族の一人としての自分**」という意識で話し合いができると考える。さらに，「**家の手伝いは何のためにやるのだと思**」うかを考えることにより，これまで「**やらされている**」と思ってきた家の手伝いをする意味を，改めて考えることにつなげる。

　まとめでは，これまでに考えてきたことが自分にどう当てはまるかを考えるため，「**自分が家でやっている，またはこれからやりたい０円のお手伝い**」という形でできることを挙げさせ実践意欲につなげていく。

6　本時の授業プラン

本時のねらい　お母さんの請求書が０円だったことの意味を考えることで，家族を思う気持ちの大きさに気づき，自分の役割について考える。

学習活動（○は発問，◎は主発問）	留意点等
○「みなさんは，家でどんなお手伝いをしていますか？　そのときどんな気持ちでやっていますか？」❶めあてを確認する。 **おてつだいについて考えよう。** ❷教材を読み，考え合う。 ○「みなさんは，たかしくんのしたことをどう思いますか？」 ・よくない。お金のためにしているの？　って思う。 ・よい。家でもそうしているから。 ◎「では，お母さんの請求書の金額が０円ということについて，どう思いますか？」 ・お金のためにしているのではないことがわかる。 ・お母さんはかわいそうだと思う。 ・自分自身にしているのと同じなのかもしれない。 ○「家の手伝いはなんのためにやるのだと思いますか？」 ・お父さん，お母さんは仕事で大変だから，少し楽になるように。 ・家族だから協力することが大切だから。 ・助け合うと仲よくなれるから。 ❸振り返り，まとめをする。 ○「自分が家でやっている，またはこれからやりたい０円のお手伝いを考えて書きましょう」	・あっさりと聞くことで，本音を引き出しておく。 ・率直な感想を出し合い，この後の論点になるようにする。 ・母親の行為が無償であることの意味を考えることで，たかしの思いと比較して考えられるようにする。 ・補助発問として，「当たり前」「特別」という対極にある言葉を使って家族のなかでの自分の役割について考えさせたい。 ・家族のためにと思ってやっていることを想定できるようにする。

よく考えると，それっておかしくない？型

小学校5年　　内容項目　D［自然愛護］

2　「一ふみ十年」

あかつき，学図，東書，日文，光村

1　教材について

　勇は母親と2人で立山の室堂に到着すると，あまりの景色の美しさに目を
奪われ，傍らの草むらに腰を下ろして見惚れる。すると，自然解説員の松井
さんから，座ったところには貴重な高山植物があるのだと注意される。その
後，自然保護センターでチングルマなどの高山植物は草ではなく樹木であり，
マッチ棒程度の茎にも年輪があること，昔から立山の自然を守る言葉として
「一ふみ十年」という言葉があることを知る。そんな話を聞き，勇の胸には
自然愛護の気持ちが湧き起こるというストーリーである。

出来事	勇の思い	勇の言動	松井さんの思い・言動
室堂に着くと，遊歩道のそばの草むらに腰を下ろして景色を眺めた。		山の美しさにすっかり見とれてしまう。	「そこに腰を下ろさないでください」
あわてて遊歩道に戻った。	（頬がだんだん熱くなってくるのがわかった） **?1**		
松井さんの話を聞き，チングルマの年輪を見た。	年輪があるとわかったときよりもっと驚いた。胸がきゅうっと痛んだ。	「チングルマのくきには，年輪があるのですか」年輪を数えて「十年以上も…」	
「一ふみ十年」の話を聞く。	（言葉一つ一つに重みを感じた） **?2**		「昔から立山では『一ふみ十年』という言葉があるのです」「そんな人は，なんのために山へ来たのかと思いますよ」

2　教材の勘所

　ある場所を取り上げて自然愛護について考えさせる教材としては，美しい
自然のある場所に題材を取り上げたものとごくありふれた日常に近い自然を

取り上げたものとがあり，本教材は前者であるといえる。立山という特殊な場所を訪れた勇について書かれた本文のなかで，疑問の残る箇所として挙げられるのは2点である。

1つ目は，室堂に着いた直後，高山植物群に誤って腰を下ろしてしまった勇が松井さんに注意された後，「ほうがだんだん熱くなってくるのを感じた」部分である。勇は一体何を感じて頬が熱くなったのか，注意されたことで思わず赤くなってしまったのか，罪悪感を感じたからなのか，それとも事の重大さに気づいたからなのか（？1）。微妙な違いだが，重要な違いでもある。

2つ目は，センターでマッチ棒ほどの太さの茎の高山植物の年輪を見たり松井さんの説明を聞いたりした勇が，感じた「重み」とはなんなのかということである（？2）。「一ふみ十年」という言葉に勇は何を感じたのかを考え，子供たち自身が自分なりに受け止められたとき，この言葉の大事さが伝わったということになるだろう。

3 問題の本質を捉える

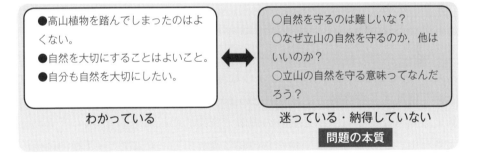

4 子供の思いを捉える

○子供たちがわかっていること，納得していること

自然を大切にすることは，現代の常識でもあり子供たちにもよく浸透している。したがって，高山植物を踏んでしまったのはよくないとどの子供も思うだろうし，逆に，自然を大切にするのはよいことであり，自分も自然を大

切にしたいと考えており，子供たちにとって「わかりきったこと」といえる。

○子供たちが迷っていること，納得していないこと

　そう思っている一方で，では何か具体的にしているかといえば，ほとんどの子供はあまり経験していないのではないか。であれば，実際に自然を守るのは難しいと感じたり，立山という自分と遠い存在について考えると，なぜ立山の自然を守らなければならないのかとか，身近な自然とどこが違うのかといった疑問が生じてくるだろう。このような疑問を明らかにしていくことが，立山の自然を守ることが自分たちの生活とどう関わるかを明らかにしていくことにつながっていくのであり，「問題の本質」に向かうのである。

5　よく考えると，それっておかしくない？型の授業デザイン

　この教材から自然愛護を学ぶときに，**時系列に出来事を追っていっても立山という自然豊かな場所の知識だけを得ることになってしまう**可能性が大きい。印象的な出来事として書かれているので，一読で内容はだいたい把握できる。そこで，迷わず中心部分に「『一ふみ十年』とはどういうことですか？」と入っていけばよい。この発問により，前後の状況も十分に把握することにつながる。

　そして，立山の自然がなぜ守られなければならないかを考えていくのだが，あえて，「**そこまでして**」**というような言葉を発問に入れておくことで，立山の「特別さ」を強調**しておく。そのように守られた自然環境を子供たちはあまり知らないから，その辺りの理解は意図的に行っておきたい。「立山は大事な山」という意識が子供たちの間に流れ出したところで，「**立山は他の山より大事ということですか？**」という補助発問により，子供たちの自然愛護についての観念を揺り動かし，「何が大切なのか」「守るべきものはなんなのか」ということを振り出しに戻って考えさせたい。そうすることで，子供たち自身が，**特別な自然にも特別でない自然にもどう接していったらよいかを考えるきっかけづくりになる**だろう。

6　本時の授業プラン

本時のねらい　立山の自然を守ることについて身近な自然と比較しながら考えることにより，自然を守ることの意味を考え，行動を起こそうとする。

学習活動（○は発問，◎は主発問）	留意点等
○「自然は大事ですか？　それはなぜですか？」 ❶めあてを確認する。 　自然を大切にすることについて考えよう。 ❷教材を読み，感想を出し合った後，考え合う。 ・「一ふみ十年」なのだから大事にしないと。 ・立山の植物が大事だということがわかった。 ○「『一ふみ十年』とはどういうことですか？」 ・一度踏むと元に戻るのに10年かかるから。 ・一度壊れたものはなかなか元に戻らない。 ◎「なぜ立山の自然をそこまでして守っているのでしょう」 ・他の所にないものだから。 ・絶滅しそうなものばかりだから。 ・地元の人にとっては大事な山だから。 ○「立山は他の山より大事ということですか？」 ・………。 ・立山も大事だけど，他の山も同じように大事。 ・立山を大事にすれば，他の山も大事にするようになるんじゃないかな。 ・自然を守る勉強をする学校ってことかな。 ❸振り返り，まとめとして，「身近な自然にどう向き合ったらよいか，今日考えたことを基に考えたこと」を書く。	・ほとんどの子供が漠然と大事だと考えていることを押さえる。 ・上記の建前的な考えをさらに出させておく。 ・「一ふみ十年」の意味を押さえれば教材文全体を把握することができる。 ・この発問で立山の自然を守ることは特別なことであると捉えていることを明らかにしておく。 ・補助発問として，身近な自然との比較を通して，立山の自然を守ることの意味を考えさせたい。 ・最後は，身近な自然との関わり方を考えさせ，まとめとする。

中学校３年　　内容項目　Ｂ［思いやり，感謝］

３　「足袋の季節」

あかつき（２年），学研（２年），教出，東書，日文（２年），日教（２年），光村

1　教材について

　貧乏な家で育った「私」は，小学生の頃からおばの家に預けられ郵便局で働いていた。冬になると，貧しさやあまりの寒さから，大福餅を売るおばあさんから釣り銭をごまかし，そのお金で足袋を買ってしまう。ずっと自責の念を抱きながら「ふんばりなさいよ」というおばあさんの言葉を胸に頑張り続け，ついに正規の職員になる。謝るために初月給で果物を買っておばあさんを訪ねると，既に亡くなっていることを知る。「私」は，自責の念を一層強くすると同時に，「おばあさんからもらった心」を誰かに差し上げなければと決意するというストーリーである。

出来事	「私」の思い	「私」の行動	他者の言動
貧しい暮らしをする。	何とかして足袋を。		
ある日おばあさんが釣り銭を間違える。	足袋が買える。	「うん」	「五十銭玉だったね」
	お金を返そうと思うが，できない。	逃げるようにしてその場を去る。	「ふんばりなさいよ」
それから。	自責の念と甘い考えに悩む。	同僚に頼んで餅を買いに行ってもらう。	
試験に合格する。	?1	果物かごを手にする。	
おばあさんの死を知る。	もらった心を誰かに差し上げなければ。	?2 泣けて泣けて。	

2　教材の勘所

　足袋は今でいえば靴下であり，靴下が買えないなど子供たちにとっては想像できない時代の話である。そういう古い時代の話だからこそ，より主人公

に対する自我関与を促し，共感しながら，あるいは反発しながら考えることで自分事として学びをつくることにつながるだろう。

　ポイントとなるのは2箇所である。おばあさんから釣り銭をごまかしたことについては「やってしまったこと」として受け止め，この教材では「その後」の行動の仕方に自然と焦点化していくだろう。そこでポイントの1つ目は，過ちをいつまでも正すことなく正規職員になってやっと重い腰を上げたことにある。結末を知っている子供たちは，「なぜもっと早く行かなかったか」という疑問よりも批判に近い気持ちを「私」に抱くだろう（？1）。

　2つ目は，おばあさんが亡くなり恩を返す相手がいなくなったので，「この心は他の誰かに」と誓う部分についてである。これを「感謝」と受け止められるだろうか（？2）。やはり，直接してくれた人に感謝の気持ちを伝えなければいけないのであり，釈然としない思いが残るがどうだろう。

3　問題の本質を捉える

わかっている	迷っている・納得していない
●知りつつだまされたふりをして励ましてくれたおばあさんに感謝しなければならない。 ●いただいたものを誰かに渡すことで恩返しできれば，おばあさんも喜んでくれる。	○自己満足ではないのか？ ○相手がいないのに，感謝の気持ちはどう表したらよいのだろう？ ○別の誰かで恩返ししたといえるのだろうか？

問題の本質

4　子供の思いを捉える

○子供たちがわかっていること，納得していること

　知りつつだまされたふりをして励ましてくれたおばあさんに感謝しなければならないが，きっとおばあさんも感謝の気持ちを伝えに行ったことで喜んでくれるのではないか。また，「私」が他の誰かに優しくしてあげることが

できれば，より喜んでくれるはずだ。そう思うことについては，否定はしないと考える。積極的に肯定できるかはともかく「わかりきったこと」である。

○子供たちが迷っていること，納得していないこと

おばあさんがいなくなったので，別の誰かに何かしてあげることしかできないが，それはおばあさんに恩返ししたといえるのだろうか。自己満足ではないのかという思いもある。やはり，生きている間に謝って感謝の気持ちを伝えなかったのは一生悔いが残るだろう。でもおばあさんがいないのは確かで，後味の悪さと，相手がいないのに感謝の気持ちはどう表したらよいのだろうという疑問は残ったままであり，この辺りに「問題の本質」はある。

5　よく考えると，それっておかしくない？型の授業デザイン

「感謝」をテーマに行う授業では，例えば「感謝の気持ちをどう表していますか？」などポジティブな表れを引き出そうとすることが多いが，この教材では「感謝の気持ちを表したかったけど，うまく表せなかった経験はありますか？」とネガティブな方向性を示すことで，教材に入っていきやすくなると考える。

教材では，過去の部分は省いて，おばあさんが既に亡くなっていることを知るところに初めから焦点化して話し合いをする。そのうえで，「『私』が他の人のためになるように生きると決意したことは，おばあさんへの恩返しになると考え」るかどうかを話し合う。おばあさんがいないことは変わらないので，どう考えたらよいかを，「自己満足ではないのか」という補助発問も交えながら，考えを出し合う。この問いについては決まった正解がなく，各自の良心に適っていればそれが正解となるので，思いを率直に出し合い，価値観の違いを味わわせたい。

まとめとしては，「もうすぐ卒業する中学校への感謝の気持ちの表し方を募集している」という設定で，実践意欲につなげていく。

6　本時の授業プラン

本時のねらい　おばあさんへの感謝の気持ちを他の誰かに向けることが恩返しになるかを考えることにより，感謝の気持ちの表し方について考える。

学習活動（○は発問，◎は主発問）	留意点等
○「感謝の気持ちを表したかったけど，うまく表せなかった経験はありますか？」 ❶教材を読み，めあてを確認する。 　感謝の伝え方について考えよう。 ○「おばあさんが亡くなっていることを知った『私』はどんなことを考えましたか？」 ・正直に謝らなければいけない。 ・おばあさんのおかげで一人前になったことを感謝したい。 ◎「『私』が他の人のためになるように生きると決意したことは，おばあさんへの恩返しになると考えますか？」 ・考える。してもらったことは返さなければならないけど，返す人がいないから。 ・考えない。別の問題。やっぱり言葉で伝えないと感謝の気持ちは伝わらない。 ○「自己満足ではないですか？」 ・感謝の気持ちは大きいから，自己満足でない。 ・そうかもしれないけど，やらないよりはいい。 ・間違いは誰にもある。それを生かすことが大事。 ❸振り返り，まとめをする。 ○「この学校への感謝の気持ちの表し方についてアイデアを募集します。考えてみましょう」	・主人公に共感できるよう失敗談を語り合う。 ・導入の話し合いを生かすめあてとして設定する。 ・「私」の思いを考えることで，「わかりきったこと」をあらかじめ引き出し，確認しておく。 ・感謝と恩返しの関係について考えるなかで，「私」の行動が本当に適切なものだったのかを考えさせたい。 ・多様な考えが出るようグループで話し合う。 ・補助発問として，否定的な見方で迫ることにより，逆に行動の意味を考えさせる。 ・建前論に戻ってしまわないような事例を取り上げて考えさせたい。

小学校4年　　内容項目　A［希望と勇気，努力と強い意志］

1　「花丸手帳〜水泳・池江璃花子選手」

東書

1　教材について

「花丸手帳〜水泳・池江璃花子選手」は水泳選手である池江璃花子さんの半生を第三者が綴った伝記的な構成になっている。池江選手が，幼い頃から自分で立てた目標に向けて，調子のよくないときも決してくじけず前向きに頑張ってきたことで，日本記録を出したり，オリンピック選手になったりすることができた，というストーリーになっている。

出来事	池江選手の思い	池江選手の言動
3才のころ，水泳を始める。	お兄さんやお姉さんと同じように自分も水泳をやりたい。	「私もやりたい」
小学3年生のとき，ジュニアオリンピックに出るが，その後記録が伸び悩む。	できるだけよい方に考えるようにしよう。　→	とにかく練習した。
小学4年生から，きびしい生活を続けた。	?1　→	毎日3000メートル泳ぎ，その後勉強も欠かさなかった。
中学3年生のときに成績が大きく伸びた。	自信がついた。世界チャンピオンになるために，さらに練習を頑張る。	「2020年の東京オリンピック・メダリストになる」
リオデジャネイロ・オリンピックに出場する。5位に入る。	悔しさもあるが，前を向いて切り替えよう。	次の練習，レースに向けて行動を開始する。毎年1月にその年の目標を手帳に書き込む，達成できれば花丸をつけるという習慣を続ける。

2　教材の勘所

上図のように，池江選手は結果が出ているときもそうでないときも，できるだけよい方に考えて練習に取り組むことや，毎年1月にその年の目標を決めることなどをぶれずに続けてきている。

時系列で見ていくと，ジュニアオリンピックに出た小学3年生のときのこ

とが描かれた後，４年生のときに非常に厳しい毎日を過ごしていることに触れている。そのような日常を経て中学３年生のときに大きく成績が伸び，日本記録をもつまでに成長する。その後，リオ五輪に出場することになる。

　ここで空白になるのは，小学４年生から中学３年生までの池江選手の思いである（？１）。本文には「このようなきびしい生活を何年間もつづけて」とあるが，言うは易く行うは難しであり，このように続けることがいかに難しいか自分に引きつけて考えさせたり，なぜ難しいのかということを考えさせたりしていくことは，内容項目「希望と勇気，努力と強い意志」への理解を深めるうえで大きな意味をもつ。

3　問題の本質を捉える

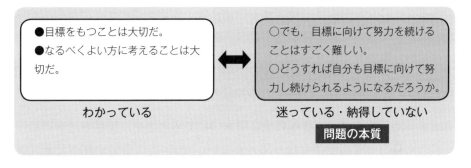

4　子供の思いを捉える

○子供たちがわかっていること，納得していること

　４年生にもなれば，目標を立てることの大切さや前向きに努力を続けることの大切さは，「わかりきった」ことである。学校でも家でも「目標を立てなさい」「目標に向けて，努力しなさい」と言われ続けてきているだろう。

　そうであれば，みんなも池江選手のように小さな目標でよいから立ててそれに向けて努力しようとか，その途中で辛いことがあってもなるべくよい方に考えて努力を続けよう，というような授業をしても，それは既に子供たちにとって「わかりきった」ことをなぞるだけに過ぎない。

○子供たちが迷っていること，納得していないこと

　この教材での子供たちの関心事は，「池江選手はなぜそんなに努力を続けられるのか（自分にはなかなかできない）」ということであり，「どうすれば自分も少しは続けられるようになるだろうか」ということである。目標はもてたとしても，それに向けての努力を続けることはなかなか難しい，という経験は多くの子供がしてきているはずだからである。

　何かを続けることは，楽しいことばかりではない。それをするのがどれだけ好きだったとしても，続けているうちに自分の限界が見えてきたり，人と比べてしまったりして，辞めたくなるような辛いことも経験する。また，誘惑や怠けなどによって努力が続かないこともある。そういう，自分の弱さに向き合いつつ，うまく感情をコントロールできてこそ，努力を続けることができるようになるだろう。池江選手のように，とまではいかなくとも，子供たちなりに自分のこれまでの人生を振り返り，今後どのようにすれば努力を続けていけるかを考えさせていきたい。

5　すごすぎて自分とは関係ないかもね型の授業デザイン

　まず，池江選手のすごさを自分に引きつけて考えさせ，実感させなければ子供たちにとって自分事になっていかない。そこで，「**自分と比べて池江選手のすごいところ**」を挙げさせていく。

　次に，「**なぜ池江選手は努力を続けることができるのか**」を考えさせる。池江選手が努力できる理由を考えさせることで，自分の考え方との違いにも目が向くだろう。

　最後に，「**自分も少しでも努力を続けることができるようにするには**，どうすればいいだろう」と投げかけ，自分の生活と照らし合わせながら，池江選手からの学びを具体化させていく。

6 本時の授業プラン

本時のねらい　どうすれば努力を続けることができるか，自分に当てはめて具体的に考える。

学習活動（○は発問，◎は主発問）	留意点等
❶池江選手について知っていることを出し合う。	・ここでは，自由に話させ，水泳選手であることを確認しておけばよい。
・水泳の選手だ。見たことがある。	
❷全文を読み，めあてを確認する。	
どうすれば努力を続けられるのか考えよう。	
○「あなたと比べて，池江選手のすごいところはなんでしょう」	・池江選手のすごいところは自由に出させるが，4年生であることも鑑みて，めあて提示の段階で「努力」という観点を与えておく。
・記録が伸びなくても，なるべくよい方に考えていること。	
・毎年はっきり目標を立てていること。	
・厳しい生活をずっと続けていること。	
◎「では，なぜ池江選手はこんなに努力を続けられるのでしょうか。あなたと比べて考えてみましょう」	・順位などの結果的なことではなく過程に目を向けさせる。
・辛いときも，なるべくよい方に考えようとしているから。私は悪い方に考えてしまう。	・自分と比べることで，問題を自分事にしたり，池江選手の考え方や目標の立て方が際立つようにしたりする。
・大きな目標に向けて，小さな目標も立てているから。自分は大きな目標だけだった。	
❸振り返りをする。	
○「どうすればあなたも，努力することを続けられるでしょうか。考えたことをまとめましょう」	・実生活と結びつけながら，どうすれば努力を続けられるか考えられるようにしたい。
・習い事のピアノで，結果が出なくても，なるべくよかったことに目を向けるようにしたい。	

小学校5年　　内容項目　A［真理の探究］

2　「真の看護を求めて──ナイチンゲール」

光村

1　教材について

　「真の看護を求めて──ナイチンゲール」は，フローレンス・ナイチンゲールが行った医療現場の改革についてまとめられた伝記である。ナイチンゲールは裕福な家庭に生まれ育つが，飢えや病気で苦しむ農民たちを目の当たりにし，看護師になることを決意する。その後家族の大反対を押し切り看護師になったナイチンゲールが，不衛生な医療現場の状況を冷静に観察し，原因を突き止め，解決へと導くというストーリーである。

出来事	ナイチンゲールの思い	ナイチンゲールの言動
母に連れられて行った貧しい村で，うえや病気で苦しむ農民たちを目の当たりにする。	大きなショックを受ける。「病める人，苦しむ人をいやす仕事がしたい」と思うようになる。	このことがきっかけで，24歳のとき，看護師になることを決意する。
クリミア戦争の看護団に，総監督として参加した。他の看護師と寝る間も惜しんで兵士たちの手当てをしたが兵士たちはどんどん死んでいった。	「なんてひどいありさまなの。…この人たちを助けたい」「手当ての方法はまちがっていないはずなのに，どうして──。何か原因があるにちがいない」	冷静に兵士たちの状態を観察し，どのような場合，患者の状態が悪化するのかを細かく記録した。
原因は不潔さであると突き止めた。	?1	「不潔さ」という，それまで誰も気づかなかった事実に目を向けた。
戦争が終わった。	?2	「看護覚え書」や「病院覚え書」をまとめた。

2　教材の勘所

　上図のように，ナイチンゲールは，戦地の看護団の総監督として参加し，悲惨な状況にあっても冷静に兵士たちの状態を観察し原因を探ったことで問題を解決していったことがわかる。本文では，ナイチンゲールが「不潔さ」という，それまで誰も気づかなかった事実に目を向けたことから解決に至った，ということが描かれている。ところが，その誰も気づかない事実に目を

向ける過程でのナイチンゲールの思いなどはあまり書かれていない（？1）。ナイチンゲールからすると，目の前の状況を観察し，問題の原因を追究するということは，「普通」のことだったかもしれないが，当時の現場にいた看護師たちを含めた我々常人の目から見るとなかなかできることではない。

　普通に読ませただけでは，子供たちはこのナイチンゲールのすごさをあまり実感せずに終わってしまいそうである。自分に引きつけて考えさせることで，誰も気づかなかった事実に目を向けることの難しさやそれができたナイチンゲールのすごさに気づかせていきたい。それと同時に，なぜ自分たちにはなかなかそういうことができないのか，どうすればできるかを考え話し合うことは，本教材でねらいとする内容項目「真理の探究」についての理解を深めるうえで重要である。また，戦後に体を壊してからも本を書き続けたナイチンゲールのあきらめない姿勢，強い思いを貫く姿勢に注目する子もいるだろう（？2）。そういう子供たちの考えも生かせる授業にしていきたい。

3　問題の本質を捉える

わかっている		迷っている・納得していない
●ナイチンゲールは現代にも読み継がれる本を書いた。 ●他の人が目を向けないことにも目を向けることが重要。 ●あきらめず続けることが大切だ。	⬌	○すごいとは思うけれどいまいち実感はしないなぁ…… ○他の人が目を向けないことに目を向けることは難しい。 ○自分に生かせることはどんなことだろう。

問題の本質

4　子供の思いを捉える

○子供たちがわかっていること，納得していること

　子供たちは，この文章を読めば，ナイチンゲールが「看護覚え書」という現代にも読み継がれている本を書いたことや，戦地で兵士たちの状況を冷静

に観察し原因を突き止め多くの命を救ったことなどは理解できるだろう。

　また，解決の過程で，誰も目を向けなかったことに目を向けたことや強い思いを貫いたことなどが書かれているので，そのことが大切なのだということは理解できる。しかし，その本当のすごさを実感することはできていないだろう。自分に引きつけて考えさせないと，字面だけの「わかりきったこと」をなぞる授業になってしまう。

○子供たちが迷っていること，納得していないこと

　子供たちが自分に引きつけて考え，ナイチンゲールのすごさを実感できたとき，思うことは「どうしてそこまでできるのか」「自分にはここまでできない」ということである。ただナイチンゲールのすごさを挙げていくだけでは，子供たち自身に生かせることは少ない。もう一歩踏み込んで，そのことがすごい，よいことだということは多くの人が理解できるのに，「なぜできないのか」ということを考えさせていくことで，自分と向き合うことになり，「真理の探究」に必要な姿勢や心がけが自分なりに見えてくるだろう。

5　すごすぎて自分とは関係ないかもね型の授業デザイン

　「自分もそうなりたい」と思わせようとして，客観的に見たナイチンゲールのすごさを挙げていくだけでは，自分事として教材に関われない。そこで，「自分と比べてナイチンゲールのすごいと思うところは？」という観点を与えて挙げさせていく。すると，自分に引きつけて実感を伴ったナイチンゲールのすごいところが挙げられていく。おそらくそれは，他の人が目を向けなかった事実に目を向けたことや強い思いを貫いたことに集中するはずである。それらのすごさを確かめた後，**なぜ私たちにはそれが難しいのか**を考えることで，自分のこれまでの経験を振り返り，物事を追究するときにどのような姿勢で臨むべきなのかということを考えるきっかけにしたい。また，**ナイチンゲールから学んだことを自分の生活でどう生かせるか**を考えることで，本時で考えたことを総合し，具体的に自分の生活と結びつけさせられるだろう。

6　本時の授業プラン

本時のねらい　ナイチンゲールの偉業を自分に引きつけて考え，自分の生活に生かせることは何かを考える。

学習活動（○は発問，◎は主発問）	留意点等
❶ナイチンゲールについて知っていることを出し合う。 ・名前は聞いたことがあるけれど…… ❷全文を読み，めあてを確認する。 　**ナイチンゲールから自分が学べることは何か考えよう。** ○「自分と比べてナイチンゲールの『ここがすごいな』というところはなんでしょうか」 ・家族に大反対されても看護師になった。 ・冷静に観察して原因を突き止めたこと。 ・誰も目を向けないことに目を向けたこと。 ・体を壊しても本を書いたこと。 ◎「なぜ私たちは，他の人が目を向けないことに目を向けるのが難しいのでしょうか」 ・他の人と同じだと安心するから。 ・そのことに対して強い思いがないから。 ・当たり前とされていることをわざわざ疑ってみようとしないから。 ❸振り返りをする。 ○「ナイチンゲールから学んだことを自分の生活に生かすにはどうしたらよいかまとめましょう」 ・サッカーの試合で，負けたときに「あぁ負けた」で終わりではなくて原因をよく考えてみる。	・子供たちに自由に話させることで，「何かすごいことをした人」だけれどあまり詳しくは知らない，ということを共有しておく。 ・「自分」と比べることと，「本を書いた」「頭がよい」など能力的なことではないことを見つけることが望ましいことを伝える。 ・誰もがナイチンゲールのようにはできないことを確認した後，なぜこのことが難しいのかを自分の経験や知識と照らし合わせて考えさせる。 ・ナイチンゲールからの学びをどう自分の生活に生かすか考えられるようにしたい。

中学校１年　　内容項目　Ｄ［生命の尊さ］

3　「よく生きること，よく死ぬこと」

教出

1　教材について

　「よく生きること，よく死ぬこと」は，ホスピスで働く沼野尚美さんの著書の一部によって構成されている。前半は，生きることを死ぬことと関連づけながら考えることでよく生きられるようになることを勧める論説的な文章である。後半では，ガンを患っていた「ヨッちゃん」が，病気と闘いながらも周囲の人に感謝し，逆に周囲の人に喜びを与えながら，常に希望をもって生き抜き，そして，安らかに亡くなったことを通して，よく生きることがよく死ぬことなのだということを述べている。

出来事	筆者の投げかけ	価値づけ
筆者の体験から	生きることと死ぬことは別々のものか。	死に様は生き様の表れである。
	中１の女の子へ，人生は何回あるか。	たった一回しかない人生だからどう生きたらよい死につながるか。
ヨッちゃん	どんなに複雑な気落ちを抱えていただろうか。	ショッキングなことを受け止めて生きる＝丁寧に生きる姿 ?1
	「ありがとう」と言って安らかな気持ちで旅立っていった。 ?2	人生の終わりの満足感，感謝の気持ち，温かい人間関係，苦しみの中で意味を見出す能力，自分を生かす力，どんな状況でも希望を見出す人は幸せ。

2　教材の勘所

　前半の論説的な文章は問題提起と考え，ざっくりと理解し，問題の所在を明らかにするという扱い方でよいだろう。そこで浮かび上がった問題につい

て後半のヨッちゃんの生き方についての文章で考えていくことにする。

そこでの疑問の1つ目は，死に近づくショッキングなことに飲み込まれないでそれをしっかり受け止めて生きることを筆者は「よい生き方」だとしているが，果たしてそんなことが本当にできるかは，生徒のみならず多くの人にとっても疑問である（？1）。

2つ目は，ヨッちゃんの最期について，「ありがとう」と言って，安らかな気持ちで旅立っていったとされていることである。今生きている人の全ては，死の経験をした人はいない。そんななかで，本当にヨッちゃんは安らかな気持ちで旅立っていくことができたのだろうか（？2）。もちろん，そうであってほしいと願っているが，それが自分にも当てはまるかと想像すると，むしろ不安なことの方が多くなるのではないだろうか。

3　問題の本質を捉える

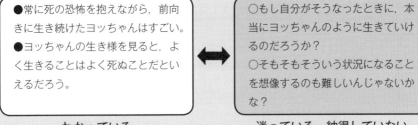

4　子供の思いを捉える

○子供たちがわかっていること，納得していること

おそらく健康な体で生かしてもらっている人の全てが思うことではあると思うが，常に死の恐怖を抱えながら，前向きに生き続けたヨッちゃんはすごいの一言である。そして，自分がヨッちゃんの状況にあったら，ヨッちゃんのように生を全うしたいと考えるだろう。また，ヨッちゃんの生き様を見る

と，筆者が言っている「よく生きることはよく死ぬこと」だとわかる。ただし，そういう経験のない子供たちには，そういうものか程度での「わかりきったこと」であり，放っておけばすぐに忘れてしまうだろう。

○子供たちが迷っていること，納得していないこと

「そうはいっても」というのが正直なところではないだろうか。もし自分が死の恐怖を抱えたときに，本当にヨッちゃんのように生きていけるのだろうかという思いは誰にもあるのではないか。「そう思えばよいのだ」とは思えるが，簡単ではないのである。そして，そもそもそういう状況になった自分を想像して，こんなふうに生きていきたいと考えること自体が難しいのではないだろうか。

5　すごすぎて自分とは関係ないかもね型の授業デザイン

導入として「死ぬこと」を投げかけることで，「生きること」と積極的に関連づけようとするきっかけをつくっておく。さらに，教材文の前半を読み，「生きること」と「死ぬこと」をどう関連づけたらよいかという本時のめあてを自分のものになるようにしていく。

次に，後半のヨッちゃんの人生について考えていく。ここでは，直接的にヨッちゃんのことを問うのではなく，自分にとっての「生きること」と「死ぬこと」を考えるためのヒントとして位置づけながら進めたい。まずは，「あなたは今，よく生きていますか」と問い，**これまであまり意識していなかったことに気づかせ**ながら各自の考えを明らかにさせる。そのうえで，「よく生きるために必要なことは何」かを問い，**「死ぬこと」との関連づけ**をさせていく。13年程度しか生きていない生徒にとって，**死を想定しながら考えることは難しいだろうが**，「充実した人生」を考えると，**ゴールが「死」であることに気づき，自分なりの答えを出せたら**と考える。そして，この答えを基に，これからどう生きていったらよいかを具体的な答えとして出させることは，日常に少なからず生きるのではないだろうか。

6 本時の授業プラン

本時のねらい よく生きるために必要なことを「よく死ぬ」ことを意識しながら考えることにより，命を大切にして生きることを肯定的に考える。

学習活動（○は発問，◎は主発問）	留意点等
○「『死ぬ』ときのことを想像したことがある人はいますか？」	・軽く触れる程度でよい。
❶教材の前半部分を読んで，問題を理解する。めあてを確認する。	・教材の前半と後半を分けて扱うようにする。
生きることと死ぬことの関係を考えよう。	
❷教材の後半を読み，考え合う。	
○「あなたは今，よく生きていますか？」 ・生きてると思うけど，「よく」かどうかは？ ・どうだったら，よく生きているといえるのだろう。	・「なんとなく」を大事にする。はっきりと言えないことを意識できるようにしたい。
◎「よく生きるために必要なことはなんでしょう。『よく死ぬ』ことを意識しながら考えましょう」 ・そのときを一生懸命生きること。 ・悔いがないように生きること。 ・周りの人を大事にしながら生きること。	・よく死ぬことを意識すると，生き方が変わることに気づけるようにする発問である。
○「これから『よく生き，よく死ぬ』ためにどのように過ごしていきますか？」 ・無駄に時間を使わないようにしたいと思う。 ・前向きがよくわからないけど，前向きに生きたい。 ・常に明るく生きたら，死ぬときも明るいかな。	・これまでの話し合いを踏まえ，自分の性格や日常と関連づけながら話すように助言し，発言を強めに肯定する。
❸振り返り，まとめとして，今日の授業で考えたこと，感じたことを書く。	・自由記述の形で自己表出できるようにする。

小学校1年　　内容項目　B［親切，思いやり］

1　「はしのうえのおおかみ」

あかつき，学図，学研，教出，光文，東書，日文，光村

1　教材について

　「はしのうえのおおかみ」は，一本橋の上で繰り広げられる動物たちの物語である。中心的な登場人物であるおおかみは，橋の向こう側から自分より小さな動物が来たときは，「もどれ，もどれ」と自分勝手をしていた。しかし，ある日くまと出会い，くまが自分をだきかかえて後ろにそっとおろしてくれたことをきっかけに，おおかみも周りに優しくなるストーリーである。

出来事	おおかみの思い	おおかみの言動	くまの思い・言動
いっぽんばしのうえでおおかみとうさぎが出会った。	いじわるがとてもおもしろい。	「こらこら，もどれ，もどれ。おれがさきにわたるんだ」こわいかおでどなった。	
きつねがきてもたぬきがきてもおおかみはおいかえした。	いじわるがとてもおもしろい。	「こらこら，もどれ，もどれ」	
ある日，大きなくまがわたってきた。	?1	あわてて「わたしがもどります」と言った。	「ほら，こうすればいいのさ」おおかみをだきあげ，うしろにそっとおろしてあげる。
次の日，はしのうえでうさぎに出会った。	前よりずっと，いい気持ちだ。	うさぎをだきあげ，うしろにそっとおろしてあげた。	

2　教材の勘所

　上図のように，おおかみはくまに優しくされたことを通して，自分の行動を改め，他者に対して優しい行動をするようになり，それがよい気持ちになることに気づくことができた。それまでのおおかみは，自分より小さい，弱い他者に対して「もどれ，もどれ」と言って自分勝手なことをして，そのうえで「いじわるがとてもおもしろい」と感じていた。しかし，当たり前のよ

うに親切な行動をするくまに接することで，なんらかの思いが生じて（？1）意地悪な言動を改めたということがわかる。

　1年生とはいえ，「人に優しくする」「人に親切にする」ことが望ましいということはわかっている。しかし，常にそうできるとは限らないし，時にはおおかみのように意地悪をしてしまうこともあるだろう。意地悪をするおおかみを「絶対的な悪」として扱ってしまうと，子供たちにとって「自分はこんなことはしない」と自分事にならない。おおかみが意地悪してしまう理由を冷静に考えさせることで，内容項目「親切，思いやり」についての理解が深まっていく。

3　問題の本質を捉える

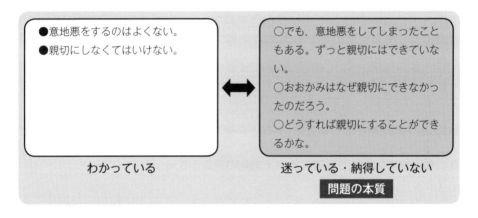

●意地悪をするのはよくない。
●親切にしなくてはいけない。

わかっている

↔

○でも，意地悪をしてしまったこともある。ずっと親切にはできていない。
○おおかみはなぜ親切にできなかったのだろう。
○どうすれば親切にすることができるかな。

迷っている・納得していない

問題の本質

4　子供の思いを捉える

○子供たちがわかっていること，納得していること

　1年生とはいえ，子供たちはこれまでの人生のなかで，常に人に親切にしたりされたりしてきているわけではなく，意地悪をしてしまったりされたりしたことが多かれ少なかれあるはずである。

　そういう状況を経験しているのであれば，できる限り人には親切にしたいと思っているはずであるし，意地悪はよくないということはわかっているは

ずである。よって，「人には親切にしよう」とか「意地悪をするのはよくない」という授業を行っても，それは子供たちにとって「わかりきった」ことである。

○子供たちが迷っていること，納得していないこと

　1年生の子供たちであっても，頭では「親切にすべき」とわかっていても，それを常にはできていないことや意地悪をしてしまった経験があるという矛盾には自分でも薄々気づいているはずである。

　そういうことに目を背けさせて「人には親切にしよう」などと「わかりきったこと」を伝えるだけでは，子供たちの心はザワつかない。しかしながら，「あなたはなぜ親切にできないの？」や「なぜ意地悪をしてしまったの？」と聞かれて，正直に自分を見つめることは1年生には難しいことだろう。

　そこで，おおかみという登場人物を通して，「なぜ親切なことではなく，意地悪をしてしまうのか」を考えさせることで，心の中にある矛盾（迷っていること）に正対させることができると考える。

　自分は絶対意地悪などしない，と思っている人よりも，意地悪をしてしまうこともあるからそうならないように気をつけよう，と思っている人の方が，結果的に意地悪をせず人に親切に接することができるのではないだろうか。

5　わかっているけど，できないんだ型の授業デザイン

　なぜおおかみは親切なことではなく意地悪をしてしまうのか，ということを検討させることで，**おおかみを通して「意地悪をする人の心理や論理」を考えさせていく**。この際，子供たちは自分の経験も重ねながら，意地悪なおおかみの気持ちになって考えていくだろう。そうすることで，**自分が人に意地悪をしてしまったときのことを冷静に見つめ直す**ことができる。

　このように，なぜ意地悪をしてしまうのかを把握したうえで，**どういうことに気をつければ親切にできるのか**を考えることで，自分のこれからの生活に生かす授業にすることができると考えた。

6 本時の授業プラン

本時のねらい　どんなことに気をつければ，意地悪をしないで親切に人と
接することができるかを考える。

学習活動（○は発問，◎は主発問）	留意点等
❶親切にされてうれしかった経験を想起する。 ○「みんなはいつも人に親切にできていますか」 ❷全文を読み，めあてを確認する。 どうしたらいじわるをしないでしんせつにできるのかかんがえよう。 ○「おおかみはいつから親切になったのですか」 ・くまに親切にされた後から。 ・自分が親切にされてうれしかったから。 ◎「では，なぜはじめの場面でおおかみは親切にできなかったのでしょうか」 ・意地悪が楽しかったから。 ・自分より体が小さな動物たちをばかにしていたから。 ・親切にする方法がわからなかったのかもしれない。 ○「どうしたら，意地悪をしないで親切にできるのでしょう」 ・親切にした方が，意地悪よりも気持ちよいと覚えておく。 ・見た目でばかにしない。 ・どうすれば親切かな，とよく考える。 ❸振り返りをする（１時間で考えたことを自由に書かせる）。	・親切にすることは大切だが，ずっとできているわけではないということを押さえておく。 ・はじめ，おおかみは意地悪だったこと，くまと出会ってから親切になったことを確認する。 ・自分の経験と結びつけている意見を取り上げる。 ・くまとの出会いで変わったことを想起させ，どんなことをおおかみが思ったのかを想像させる。 ・なるべく，具体的に考えさせることで，実生活と結びつけさせる。 ・どうすれば親切にできるかを具体的に考えることができるようにしたい。

小学校５年　　内容項目　A［節度，節制］

2　「流行おくれ」

あかつき，東書，日文，光村

1　教材について

　「流行おくれ」は，思春期に入りつつある高学年の女子まゆみの視点から描かれている。まゆみは，友達のみどりが雑誌にのっていたスカートを買ってもらうことを知り，自分も母親にねだる。しかし，母親からは少し前に服を買ったことを理由に断られる。その後部屋に戻ったまゆみは弟に本を返し忘れていたことや物が散乱した部屋を冷静に見直して，自身の言動を反省し始める，というストーリーである。

出来事	まゆみの思い	まゆみの言動	お母さんの思い・言動
友達（みどり）が雑誌にのっていたスカートを買ってもらうことを知り，まゆみは母に買ってと頼む。	私も買ってもらいたい！	「このスカートをはいていきたいの。買って」	「このあいだ，誕生日に買ってあげたのがあったわね。それにすればいいじゃないの」
スカートの話から流行おくれの話へ。	どうしても買ってもらいたい！ 流行おくれになるのはいやだ。	「わたしだけが流行におくれてしまうわ」 「スカートと関係ないことを言わないで」	「流行おくれですって」 「洋服なら何着も持っているでしょう。新しいものが出たら，それをすぐに買いたいというのはどうかしら」
まゆみが部屋に戻ると，弟のわたるが机の上に積んである本の中から何かを探していた。	勝手に部屋の中に入ってかき回されたくない！	「何をしているの！」 「勝手につくえの上をかき回さないでよ」 「すぐにさがして持っていくから早く出なさいよ」	
わたるは，本を返してほしいことや買うのを我慢して図書館で借りたことを告げ，部屋から出ていった。	?1　◀──	部屋を見回した。 母やわたるの言った言葉が気になりだした。	

2　教材の勘所

　上図のように，初めはスカートの話だったのが，次第に「流行おくれ」についての話にすり替わっている。しかも「流行おくれ」という言葉を出した張本人はまゆみなのにもかかわらず，それに対して母親が諭してきたことに「スカートと関係ないことを言わないで」と逆上し，話がかみ合わない。し

かし，その後部屋に戻り，時間も経過し弟との一件もあったことで冷静さを取り戻したまゆみは，反省をし始めるのである。ここでは，具体的な反省の思いは空白になっている（？1）。

　自我が発達してきている5年生にとって，このような自分の欲求が満たされないことによって怒ったり，その後冷静に自分を見つめ直したりするまゆみの姿は，自分の経験を重ね合わせることが容易だろう。このような「揺れ」を繰り返し経験することで，徐々に自分の欲求をおさえながら節度のある生活を理解し実行できるようになっていくのである。本教材のまゆみは，まさに「わかっているけど，できないんだ」という状況であり，このような揺れている状況を冷静に受け止め，どうすればよいか考えていくことは，節度・節制についての考えを深めるうえで大きな意味をもつ。

3　問題の本質を捉える

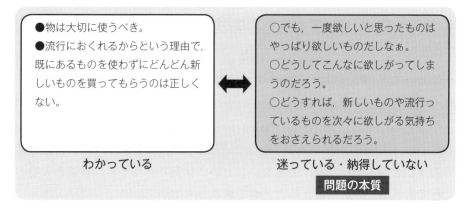

4　子供の思いを捉える

○子供たちがわかっていること，納得していること

　育ってきた環境によって多少の差はあるかもしれないが，基本的に子供たちは，「欲しがるものを全て与えられる」ような人生は送ってきていないはずである。欲しいものがあっても，まゆみのように誕生日に買ってもらった

り，お年玉を貯めて自分で買ったりしてきているだろう。また，なるべく「物は大切に」と言われ続け，長く大切に使うことが正しいことは十分わかっているはずである。であるならば，「流行におくれるからといって，もうあるのに欲しがり続けるのはおかしい」「物は大切に」などという授業では，子供たちにとって「わかりきったこと」をなぞるだけのものになってしまう。

○子供たちが迷っていること，納得していないこと

　子供たちは，まゆみの気持ちが痛いほどよくわかるだろう。誕生日に買ってもらったし，他の服があるけど，とにかく欲しい，という気持ちに，心から共感するはずである。しかし，それではいけない，我慢すべきということも同時にわかっている。まさに「わかっているけど，できないんだ」という状況なのである。だからこそ，自分の経験と重ね合わせながら，新しいものが欲しいと常に思ってしまう欲求はどこからくるのかを冷静に考えさせることは，内容項目「節度，節制」についての理解を深めるうえで重要である。

5　わかっているけど，できないんだ型の授業デザイン

　子供たちには，まゆみの新しい服を欲しがる気持ちや親に反発する気持ちへの共感の思いや経験を話させつつ，「なぜまゆみはこんなに欲しがってしまうのか」ということを考えさせていきたい。

　そうすることで，まゆみの問題を自分事にしながらも冷静に客観的に分析していき，主観と客観の両方の視点で問題を考えることができる。普段は自分も「わかっているけど，できない」という状況であっても，物語の人物のことであれば，冷静に考えることができるからである。

　そして，どうすれば，新しいものや流行っているものをどんどん欲しがる気持ちをおさえられるだろうかということを考えることで，自分の生活を省み，これからの生活に生かす授業にしていきたいと考えた。

6　本時の授業プラン

本時のねらい　どうすれば，新しいものが欲しいという気持ちを過度にもつことを防げるかを考える。

学習活動（○は発問，◎は主発問）	留意点等
❶自分が欲しい，と思って親に相談しても断られた経験を出し合う。 ・新しいゲームを買ってほしいと言ったが断られた。あきらめられなかった。 ❷全文を読み，めあてを確認する。 　どうすれば，まゆみは新しいものがほしいという気持ちをおさえられるか考えよう。 ○「物語全体を通して見ると，まゆみは新しいスカートを買ってもらうべきなのでしょうか」 ・買ってもらうべきではない。もう誕生日に新しい服を買ってもらっている。 ・弟も我慢している。 ・自分の服や本を整理しきれていない。 ◎「では，まゆみはなぜこんなに欲しがってしまうのでしょうか」 ・自分の気持ちをおさえられないから。 ・きりがないのに流行ばかり追いかけているから。 ・自分の周りのことが見えていないから。 ○「どうしたら新しいものや流行っているものを次々に欲しがる気持ちをおさえられるでしょうか」 ・本当に必要かをよく考える。 ❸振り返りをする（1時間で考えたことを自由に書かせる）。	・まゆみと同じような自分の経験を出し合うことで，まゆみへの共感の思いをもたせ，問題を自分事にするきっかけをつくる。 ・なぜ母親が買ってくれないのか，ということを視点にしてもよい。 ・買ってもらうには値しない生活を送っていることを押さえる。 ・自分の経験も話せる子には話させるようにする。 ・どうすれば，欲求をおさえて節度のある生活を送れるかを考えて自分の言葉でまとめるようにする。

中学校1年　　内容項目　D［よりよく生きる喜び］

3　「いつわりのバイオリン」

あかつき，日文

1　教材について

　「いつわりのバイオリン」は，誠実にバイオリン作りをするフランクを主人公とした物語である。フランクの作るバイオリンは次第に評判になり，大勢の弟子をもつまでになる。そのなかでもロビンは秀でており，唯一完成したバイオリンにラベルを貼ることを許された。著名なバイオリニストの注文を受けたフランクは，さらに有名になるチャンスと考え快く引き受けるが，思ったようなバイオリンができない。納品期限がきて焦った末，ロビンのバイオリンに自分のラベルを貼って渡してしまう。そのことを感じ取ったロビンはフランクの下を離れ，独立する。その後，精彩を欠くようになったフランクにロビンからいつまでも目標だという手紙が届き，一人涙し手紙を書こうとするというストーリーである。

出来事	フランクの心情	フランクの言動	ロビンの心情・言動
実直に納得いくまでバイオリン作りをする。	よいバイオリンができるのなら貧しくてもよい。	弟子に技術を惜しみなく授ける。	
有名な演奏家にバイオリンを依頼される。	なんとかしたい。いろいろな想像。		
	?1	「だめだ」ロビンのバイオリンを手にしていた。	何かに取り憑かれている（弟子たち）。
演奏会が成功する。	ロビンに打ち明けなければと思うが，打ち明けられない。	ぼんやりしていることが多くなる。仕事も精彩を欠く。	自分がいることでフランクを苦しめている→故郷へ
ロビンから手紙が届く。	?2	涙を流す。筆をとる。	「あなたの音を超えるバイオリンはできません」

2 教材の勘所

　この教材文には，フランクの様々な葛藤が織り込まれている。満足のいくバイオリン作りでの葛藤，弟子と自分の技術をめぐる葛藤，有名になることの葛藤，思ったような作品ができないことの葛藤，弟子の作品を自分のものにしてしまったことの葛藤，正直に話し謝罪することの葛藤などである。これらの全てが道徳を考えるうえでテーマとなり得るが，本時の「よりよく生きる喜び」の学習で取り上げるのは以下の2つである。

　1つ目は，ロビンの作品を自分のと偽って渡してしまったことである。誰よりも自分に正直，誠実にバイオリン作りをしてきたフランクからは考えられないことであるが，どんな人でも心の奥に弱さが潜んでいることを感じさせ，正直に生きようとしてもつい魔が差してしまうことを教えてくれる。弱さに打ち勝ち「よりよく生きる」ことを考えるポイントの1つ目である。

　2つ目は，正直に行動できなかったことについて，ロビンに謝罪し，やり直そうとすることをためらっていたことである。フランクはずっと謝らなければと考えていた。わかりきっていたはずなのに，実際やろうとするとなかなかできないのである。子供たちの日常ではもっと些細ではあるがあり得ることであろう。自分の弱さと向き合い，弱さに打ち勝ち「よりよく生きる」ことを考えるポイントの2つ目である。

3 問題の本質を捉える

●嘘をつくことはいけない。正直に生きていきたい。
●過ちを犯したら，すぐに謝ってよりよい生き方をするようにすべきだ。

わかっている

○正直に生きることも過ちを訂正して出直すことも大切だけど，フランクにとってより重要なのはどっちだったのだろう？

迷っている・納得していない

問題の本質

4 子供の思いを捉える

○子供たちがわかっていること，納得していること

　誰もが嘘をつくことはいけない，正直に生きていきたいと考えているはずである。また，過ちを犯したら，すぐに謝らなければならないということもわかっている。この2つのことは，生まれてからずっと言われ続けてきたことでもあり，子供たちにとって「常識中の常識」である。

○子供たちが迷っていること，納得していないこと

　とはいっても，全く嘘をつかないことも，嘘を言ったり失敗したりしたときに正直に謝ることもなかなかできない。フランクは両方できていなかったけれど，彼にとってより重要なのはどちらだったのだろうかと考えることで，「どちらも大事」で済ませてしまわない方に向かうのではないだろうか。

5 わかっているけど，できないんだ型の授業デザイン

　本時の授業では，「いつわりのバイオリンを渡したこと」「自分のしたことを正直に話しロビンに謝罪すること」のどちらかに絞って，どうすればよかったかを考えることはしない。

　まず，「フランクは変わりましたか？」と問うて，バイオリン作りへの向かい方自体に変化が見られ，それが過ちにつながったという見方ができるようにする。その後，「2つの過ち」をあきらかにしたうえで，主発問として「2つの間違いのうち，よりしてはいけないのはどちらだと思いますか？それはなぜですか？」と問うことで，**2つの過ちのそれぞれの重要さを見つめさせたい**と考えた。また，この問いではフランクについて考えてはいるが，結果的に**フランクを通して自分自身と向き合う**ことになり，自分の生き方を考えることにもなる。

　まとめでは，ロビンに手紙を各場面を取り上げ，この告白，**謝罪のタイミング**が「まだ間に合う」のか「もう遅い」のかを考えることを通して，子供たち一人一人の「よりよい生き方」を考えることにつなげていく。

6　本時の授業プラン

本時のねらい　フランクが犯した2つの過ちのどちらがより重大なのかを考えることにより，よりよく生きるために重要なことを考える。

学習活動（○は発問，◎は主発問）	留意点等
○「嘘をついたことはありますか？」「嘘をついたことを言えなかったことはありますか？」（どちらも全員あることを確認） ❶教材を読んで，めあてを確認する。 人生のやり直しについて考えよう。 ❷教材を基に考え合う。 ○「フランクは変わりましたか？」 ・変わった。バイオリン作りが好きだったのに，有名になりたくなった。 ・名前にこだわるようになった。 ○「フランクはどんな間違いをしましたか？」 ・ロビンの作品を自分のものにした。ごまかし。 ・インチキをしたのに，正直に言わなかった。 ◎「2つの間違いのうち，よりしてはいけないのはどちらだと思いますか？　それはなぜですか？」 ・ごまかし。ごまかさなければ苦しみは始まらない。ごまかすこと自体弱いってこと。 ・正直に謝る。誰でも間違いはある。やり直すことはできる。謝る勇気が大事だと思う。 ❸振り返り，まとめとして，フランクは「間に合った」か，「遅かった」かを書く。	・私たちは，ついなんらかの嘘やごまかしをしてしまっていることを押さえておく。 ・フランクの行動の仕方につながる考え方の変化を捉えることで，後の行動の根拠にする。 ・1点に絞るのではなく，2点の過ちを俯瞰し，フランクの人生にとって何が大事かをその子なりに考えさせたい。そうすることで，自分の人生に大事なことも考えられるようになると考える。 ・遅かったか，まだ間に合うのかを通して，自分の生き方を考えさせたい。

小学校1年　　内容項目　B［友情，信頼］

1　「二わのことり」

あかつき，学研，学図，光文，東書，日文，光村

1　教材について

　「二わのことり」は，みそさざい，やまがら，うぐいす及び他の鳥たちの物語である。その日は，友達のやまがらの誕生日でもあり，またうぐいすの家での音楽会の練習日でもあり，みそさざいはどちらに行ったらよいか迷う。考えたあげく，他の鳥たちがうぐいすの家に行ったので自分もうぐいすの家に行ってしまう。しかし，うぐいすの家にいてもやまがらのことが気がかりで少しも楽しくない。みそさざいは，うぐいすの家をそっと抜け出し，やまがらの家に行って誕生日を祝うというストーリーである。

出来事	みそさざいの思い	みそさざいの言動	他の鳥の思い・言動
やまがらの誕生日	どちらに行こうか迷っている。	「どうしようかな」	
みんなでうぐいすの家に行く。	?1	とうとううぐいすの家に飛んでいく。	うぐいすの家に行ってしまう。
	ちっとも楽しくない。	「やまがらさんは，どうしているだろう」	「こっちにきて，よかったね」
みそさざいはやまがらの家に行く。	?2	こっそり抜け出して，やまがらの家に行く。	
やまがらの家で誕生日を祝う。	「きてよかったな」		やまがらが目に涙を浮かべて喜んでくれた。
		心から誕生日のお祝いをする。	

2　教材の勘所

　教材文全体にわたってみそさざいの揺れる気持ちを中心に描かれている。そのなかでも大きく揺れている2つの場面を中心に授業を考えることになる

だろう。

　1つ目は，やまがらの家に行こうか，うぐいすの家に行こうか迷っている場面である（？1）。よく考えれば，最初からやまがらの家に行けば問題なかったように思われるのだが，迷った末に「とうとう」他の鳥たちと行動を共にしてしまっている。もちろん，それはそれで悪くはないのだが，みそさざいの心の中ではより罪悪感のようなものが募り，悩みが大きくなっている。

　2つ目は，うぐいすの家にいるときに，みんな楽しんでいるのに自分は楽しくないと思いながら，やっぱりやまがらの家に行った方がよいのかと悩んでいる場面である（？2）。この後，決心してやまがらの家へ行くのだが，「こっそり」抜け出している。堂々と，「やまがらさんの誕生日だから，ちょっと行ってくるね」と言えばよいのに，なぜか。この辺りが子供たちの疑問になるところであり，うまく発問に入れていけるとザワつくと考える。

3　問題の本質を捉える

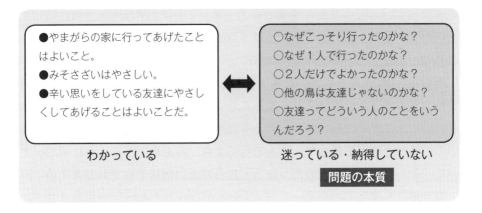

4　子供の思いを捉える

○子供たちがわかっていること，納得していること

　ともかく，子供たちは，みそさざいはやさしいと感じていることは確かである。そして，やまがらの家に行ってあげたことはよいこととみそさざいの

行動を肯定的に見ているだろう。また，このような行動を一般化し，辛い思いをしている友達にやさしくしてあげることはよいことだと考えることは「わかりきったこと」であり，難しくないことである。

○子供たちが迷っていること，納得していないこと

このように，みそさざいの評価は間違いなくよいのだが，授業の中で必ず1人や2人は「なぜこっそり行ったのかな？」というようなつぶやきをする子供がいる。そして，そのつぶやきを拾うと，「なぜ1人で行ったのかな？」や「みんなと一緒の方が楽しいのに」といった発言も出てくる。さらに，これらの発言から「他の鳥は友達じゃないのかな？」「友達ってどういう人だろう？」といった「問題の本質」に迫る問いとして表れてくるのである。

5　どうしたらいいの？型の授業デザイン

子供たちは，みそさざいのしたことをよいことだと思い，そういうみそさざいはいい鳥だと思っている。まず，そういう捉えを明らかにし，みんながそう思っているということを共有するために，「やまがらのところに行ってあげたことをどう思いますか」及び「みそさざいはなぜやまがらの家に行ったのでしょう」という発問を打つ。

その後，「なぜみそさざいは1人で行ったのでしょう。みんなを誘って行った方がよかったのでは？」と問うことで，子供たちの多くは一瞬，みそさざいのしたことを「ぬけがけ」のように思うだろう。さらに，どうしたらよいのだろうと考えるなかで，1人で行くよさ，みんなで行くよさに気づいていく。そして，友達のためだったらどちらがよいかをそれぞれが考える。

振り返り，まとめの活動として，「やまがらのところへ行ったみそさざいに，何か一言言ってあげましょう」と問いかける。友達思いのみそさざいに対して，その行動をどう評価するかを自分の言葉で書くことにより，友達について考えたことをまとめる活動としたい。

6 本時の授業プラン

本時のねらい みそさざいがなぜ自分だけでやまがらのところへ行ったのかを考えることにより，友達とは何かを考える。

学習活動（○は発問，◎は主発問）	留意点等
○「友達はいますか？　友達のことが大切と思う人は手を挙げてください」 ❶めあてを確認する。 　ともだちについてかんがえよう。 ❷教材を読み，考え合う。 ○「やまがらのところに行ってあげたことをどう思いますか」 ・よいことだと思う。 ・みそさざいはとても優しい鳥だと思う。 ◎「みそさざいはなぜやまがらの家に行ったのでしょう」 ・やまがらがかわいそうだから。 ・せっかくの誕生日なのに１人だと寂しいから。 ・みそさざいとやまがらは友達だから。 ○「なぜみそさざいは１人で行ったのでしょう。みんなを誘って行った方がよかったのでは？」 ・音楽の練習も大事だから。 ・自分だけは行ってあげたかったから。 ・友達のことだから，自分で決めたと思う。 ❸振り返り，まとめをする。 ○「やまがらのところへ行ったみそさざいに，何か一言言ってあげましょう」	・友達について考えることを示唆する問いかけをする。 ・みそさざいの行動をどう捉えているかを明らかにする。一面的でよい。 ・さらに，みそさざいのやまがらへの思いやりの気持ちを引き出す。ここでも，表面的でよい。 ・どうしたらよいかを考えることで，友達とはどういう存在かを１年生なりに考えさせたい。 ・「友達として」という視点で考えて書けるとよい。

小学校４年　　内容項目　Ａ〔正直，誠実〕

２　「ひびが入った水そう」

東書

1　教材について

　「ひびが入った水そう」は主人公の「ぼく（けい太）」の視点から，クラスの水槽を割ってしまった後の心の葛藤がリアルに描かれている。ある日の昼休み，生き物係である「ぼく」は，クラスで飼っているカメの水槽を掃除していた。ところが，水槽をもとの場所に戻そうとしたとき，ぶつけてしまい，ひびが入ってしまう。その後の授業中や家に帰ってからもずっとそのことが頭から離れない。誰も見ていなかったので自分がやったことはバレることはないが，水がもれてカメの水がなくなってしまったらどうしよう……という考えが頭の中を巡る。翌日，水はもれていなかったが，先生に自分から告げ，先生からは叱られず，一緒に水槽を直したというストーリーである。

出来事	「ぼく」の思い	「ぼく」の言動	先生の思い・言動
昼休みに水そうをきれいにしたとき，水そうにひびを入れてしまった。	3センチメートルくらいしか水を入れないのでこのままでだいじょうぶだろう。	だまっていた。	
その後の授業中も水そうのひびが気になって集中できない。	ほかの人にみつからないかな。水がもれてきたらどうしよう。	誰にも言いださなかった。	
家でも気になってしまう。	水そうのことが頭から離れない。	母にも言わなかった。	
次の日。	**?1** ⟶	先生に本当のことを伝えた。 ⟶	テープをはってくれた。「けい太さん，きちんと話してくれてうれしいわ」

2　教材の勘所

　本教材では，「ぼく」の心の葛藤が勘所である。「ぶつけたところは誰にも

見られていない」「ひびも後ろに向けたから気づかれない」という状況のなか，それでも「もし水がもれたらカシオペア（カメ）の水がなくなってしまう」という恐れももちつつ，思い悩んでいる。その翌日，結局水もれはなかったのにもかかわらず，「ぼく」は先生に自分がやってしまったことを伝える。そのときの「ぼく」の思いは「空白」になっている（？1）。

　もちろん，最終的に「ぼく」が選んだ「先生に言う」という行動が正しいということは，子供たちもすぐに理解できる。しかしながら，すぐには言い出せなかったり，このままでも大丈夫だろうと思ったりした「ぼく」の気持ちにも心から共感できるだろう。

　「どうしたらいいの？」とその後の行動選択を迷う場面であり，単に正しい行動をすればよい，と子供たちに一方的に伝えるような教材の扱い方ではなく，今後似たような場面で子供たちが明確な理由をもって選択して行動できるように，後先のことまで深く考えるような教材の扱いをしていきたい。

3　問題の本質を捉える

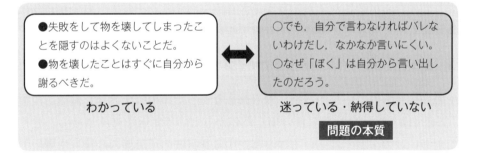

● 失敗をして物を壊してしまったことを隠すのはよくないことだ。
● 物を壊したことはすぐに自分から謝るべきだ。

○ でも，自分で言わなければバレないわけだし，なかなか言いにくい。
○ なぜ「ぼく」は自分から言い出したのだろう。

わかっている　　　　　　　迷っている・納得していない

問題の本質

4　子供の思いを捉える

○子供たちがわかっていること，納得していること

　子供たちはこれまでの人生のなかで，失敗をしたり何かを壊してしまったりしたことは，必ず経験してきている。本教材の「ぼく」と同じような気持ちを味わってきているだろう。そういう状況を経験しているのであれば，で

きればすぐに自分から言い出して，素直に謝った方がいいことは十分わかっている。また，4年生であれば，このまま黙っていればバレない，誰にも気づかれないという状況を理解することも十分できるだろうから，「ぼく」がそのように思いなかなか言い出せなかったこともしっかり理解できるはずである。であるならば，「やっぱり過ちはすぐに自分から謝ろう」というような授業をしても，それは「わかりきったこと」の範疇であり，子供たちの心はザワつかない。

○子供たちが迷っていること，納得していないこと

　子供たちのこの状況での関心は，「なぜ『ぼく』は言い出したのか」ということであろう。前日にあんなに心配していたひび割れからの水もれも，翌日確認したときにはなかった。それにもかかわらず，「ぼく」は自分から言い出した。その心の葛藤を考えさせていきたい。人は誰しもが失敗するものである。失敗をしてしまうということ自体は仕方のないことだが，その後自分がどのような選択をし，行動をしていくかということは非常に重要である。失敗から目を背けるのか，その失敗に正対し自分で責任をとっていくのかは，周りの人から信頼されるかどうかを大きく左右する。そして，自分が自分に誇りをもって生きていくうえでも重要な岐路ともなり得る。

5　どうしたらいいの？型の授業デザイン

　誰にも見られていなかった，水もれもなかった等の状況設定を確認した後，「なぜ『ぼく』は自分から言い出したのか」ということを考えさせる。どうしたらいいの？型では，いくつか存在する選択肢の「最悪の今後」を考えてから選択させることを第3章で提案している。しかし本教材の場合，4年生という発達段階や「言わない」という選択肢を子供が選ぶ現実性のなさからまずは「ぼく」が「言い出す」という決断をした理由を考えさせることで一旦「ぼく」の決断の正しさを分析し理解させる。そのうえで「先生から叱られるとしたら？」と補助発問によって「最悪の今後」も想定させていきたい。

6 本時の授業プラン

本時のねらい 失敗をしてしまったときに，なぜ自分から言い出す方がいい
のか理解する。

学習活動（○は発問，◎は主発問）	留意点等
❶失敗をしたことや物を壊してしまった経験を想起する。 ○「今日は同じように，失敗をしてしまう『ぼく』のお話を読みます。なぜ自分から謝った方がいいのかを考えましょう」 ❷全文を読み，めあてを確認する。 失敗をしたとき，なぜ自分からあやまった方がいいのか考えよう。 ○「このまま黙っていたら，どうなっていたでしょうか」 ・多分バレない。何日かしたら誰か気づくかも。 ・水もれもないから，きっと何も起こらない。 ◎「では，なぜ『ぼく』は自分から言い出したのでしょうか」 ・いつかはバレるかもしれないから。 ・これからずっと水もれしないとは限らないから。 ・黙っているのは自分の気分が悪いから。 ○「もしも，自分から謝っても先生からすごく叱られるとしたらどうでしょうか」 ・カメに被害があるくらいなら，構わない。 ・やっぱり，ずっとこの後気持ちの晴れないまま生活したくないから言った方がいいな。 ❸振り返りをする（失敗をしたときになぜ自分から謝る方がいいのかを中心に考え，まとめる）。	・もしも黙っていればバレないのであれば，自分の失敗は言い出しにくいことを確認しておく。 ・翌日も水もれはしていなかったことを確認し次の発問につなげる。 ・ここでは，「後でバレると叱られるから」など様々な意見が出されてよい。 ・補助発問によって，「浅い」理由が淘汰されていくはずである。 ・失敗をしたとき，なぜ自分から謝る方がいいのかを自分の言葉でまとめさせたい。

小学校6年　　内容項目　B［友情，信頼］

3　「ロレンゾの友達」

あかつき，学研，教出（5年），日文，光村

1　教材について

　「ロレンゾの友達」は，アンドレ，サバイユ，ニコライの3人それぞれが自身の考えを主張し合うような構成になっている。親友のロレンゾから，再会しようとの電報が届いた3人。しかし，同時に警察がロレンゾをある容疑で探しているという情報も耳に飛び込んでくる。3人は約束の場所に集うが，ロレンゾは姿を現さない。もしロレンゾが夜中に自分の家を訪ねてきたらどうするかという話題になり，それぞれロレンゾのことを気遣いながらも微妙に違った主張をし合う。翌日，ロレンゾが無実だったことを知るが，昨日木の下で話したことは誰も口にしなかった，というストーリーである。

出来事	アンドレの思い	アンドレの言動	サバイユの思い	サバイユの言動	ニコライの思い	ニコライの言動
3人のもとにロレンゾから，約束の場所に集おう，という電報が届く。	3人は，警察がロレンゾのことを聞きまわっていた事実を知り，ロレンゾを信じたい気持ちがありつつも，何か事情があったに違いない，助けてほしいのだろうかなどと考えている。					
約束の日，3人は日が高いころから約束の場所に集まった。	ロレンゾは現れず，途中で捕まったのかもしれない，むしろその方がいいのかもしれない，など複雑な思いのなか，ロレンゾへの疑いはさらに強くなる。					
3人が自分の考えや思いを口にする。	?1	「ぼくは，お金を持たせてだまってにがしてやる」	?2	「自首をすすめる。…本人が納得しない場合は，そのままにがしてやったほうがいいと思う」	?3	「自首をすすめる。…いっしょに付きそっていく。でも，だめだったらぼくは警察に知らせる」
ロレンゾが帰ってきた。警察の手違いだとわかる。	一安心する3人。かしの木の下でのことはロレンゾには言わなかった。ロレンゾが本当に罪を犯して帰ってきていたとしたら，友人としてどうしていたのだろうと考え始めた。					

2　教材の勘所

　他の教材と比較すると，この教材は3人の微妙に異なる考えが書かれてい

て，初めに読んだときは少し理解しにくいところがある。だからこそ，1つの物事を多面的多角的に考えることができる教材であり，6年生という小学校最高学年で扱うのに相応しい教材である。

　途中までは3人の思いや言動は一緒くたにされているが，待ち合わせ場所に現れないロレンゾが，夜自宅を訪ねてきたらどうするか，という話題のもと，それぞれの主張が割れる。それぞれがどのような言葉を発しているかは書かれているが，その言葉がどのような思いから発せられたものかは描かれていない（？1，？2，？3）。この空白を利用し，子供たちにも友人のためにどうすればいいかを悩むという疑似体験をさせつつ，「本当に友達のためになることとは？」を考えさせていきたい。

3　問題の本質を捉える

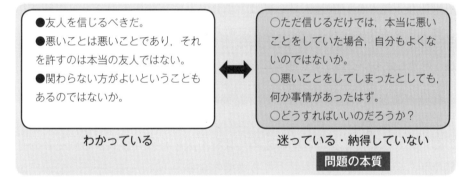

4　子供の思いを捉える

○子供たちがわかっていること，納得していること

　6年生ともなれば，自分の友人のことを信じるべきということは当たり前にわかっている。また，もし友人が道を踏み外そうとしていれば見て見ぬふりをせず，悪い方へ行かないように導く方がよいこともわかってはいる。だとするならば，「あなたならどうするか」と発問し，子供たちに選択させ，「友人を信じた方がよいから」とか「本当の友人なら悪いことをしているの

を許さないから」などと，理由づけさせるだけでは「わかりきったこと」に終始する授業になってしまう。

○子供たちが迷っていること，納得していないこと

　子供たちのこの状況での関心は，「どうすればいいのか」ということである。物語を最後まで読むと，ロレンゾは無実だったので，３人は決断せずに済んだが，本当に夜ロレンゾが家を訪ねてきたら，「どうすればいいのか」という決断に迫られていたことになる。その時，自分ならどう決断するだろうか。本当に友人のことを思った行動，というのはその時その場のことだけでは判断することができないことが多い。その時その場は角が立たないように，穏便に済ませたとしても，その後友人が苦しむことになるのではよくない。かといって，自分の思いを押しつけてしまいお互いの心が離れてしまうのもまた，友人関係の継続という観点からは最適ともいえない。このように，絶対的な正解がない課題に対しては，自分なりに明確な理由をもって判断し行動できるようになっていくことが求められる。

5　どうしたらいいの？型の授業デザイン

　物語を最後まで読んでしまうと「結局ロレンゾは無実だから……」，夜ロレンゾが自宅を訪ねてきたとしたらどのような選択をするかという決断の際の切迫感が薄れてしまう。そのため，教材を読むのは「３人がそれぞれの意見を話し合って家路につく」ところまでとする。

　３人の主張を簡単に確認した後，「あなたならどうするか」を考えさせるなかで，それぞれの選択肢の最悪の結果を考えさせる。そうすることで，その時その場の，すぐに「わかること」で選ばせるのではなく，選択肢を選んだ後先のことまで想定させていく。そして，自分が後悔しないと思える選択はどれかを考えさせる。ここまで踏まえて選択させれば，個人の価値観や美学が明確になったり，表れたりすると考えた。

6 本時の授業プラン

本時のねらい 後先のことをよく考えたうえで，自分なりに明確な理由を
もって，友人のための行動を選択することができる。

学習活動（○は発問，◎は主発問）	留意点等
❶3人が家路につくところまでの資料を配付する。 ○「どうするのがよいと思いますか」 ❷全文を読み，めあてを確認する。 **どうすることが，本当の「友人のための行動」な のか考えよう。** ○「何と何と何とで迷っているでしょうか」 ・逃がしてやる。 ・自首をすすめる。 ・警察に知らせる。 ◎「では，あなたはどうするのがよいと思うか考え ましょう。それぞれの選択をしたときの最悪の結果 を考えてみましょう」 ・逃がしてやって本当に罪を犯していたら，自分も 悪いことをしたことになる。 ・自首をすすめて，もし無実だったらロレンゾから の信頼を失うかもしれない。 ・もし無実なのに警察に知らせてしまったら，ロレ ンゾは無実の罪に苦しむ。 ○「どの選択が一番後悔しないですか」 ・ロレンゾのことを本当に思ったら，自首をすすめ ることだと思った。 ❸振り返りをする（1時間で考えたことを自由に書 かせる）。	・3人が家路につくとこ ろまでをプリントしてお く。 ・選択肢を確認すること で，今どのような状況な のか，教材の内容を押さ えていく。 ・他の選択肢や折衷案は なしとして考えさせる。 ・選択肢と，ロレンゾが 無実か否かを表にして整 理させるとよい。 ・どれなら自分は受け入 れられるかを考えさせる。 ・この場合，どうするこ とが本当の「友人のため の行動」なのかを，明確 な理由をもって選択させ たい。

第5章

「ザワつく」道徳授業力を
アップする7Tips

ザワつきを生み出し，思考を活性化する板書

「ザワつきを生み出し，思考を活性化する板書」となるためには，板書を見て，子供たちが「なぜ？」「どうしてそうなる？」「そんなばかな」といった思いを抱くようなものであることが必要である。そのためには，子供の発言をそのまま羅列するだけの板書では不十分である。発言が発言順に並べられても，子供たちからは新たな気づきは生まれてこない。ここでは，子供たちの発言の整理の仕方について，道徳授業ならではの方法を紹介する。

❶行動の理由や心情についての発言をまとまりをつくって板書する

右の板書例は，「きいろいベンチ」（小学校2年）のものである。挿絵を効果的に使い，ビフォーアフターの心情と後悔・反省をそれぞれブロ

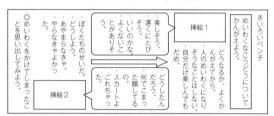

ックで表示している。板書の重要な要素である「一目瞭然」を心がけている。授業の流れは，右上→左下→左上→右下の順に進んでおり，単純に右→左と書き連ねていくものでないこともこの板書のポイントである。

❷黒板を3段に分け，上から表れ（事実），心情，理由を板書する

右の板書例は，「ロレンゾの友達」（小学校6年）のものである。ここでは3人の考え方を上段に，その背後にある気持ちを中段に，それがどういう思いに基づいたもの

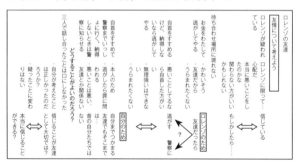

かを下段に配した。下段に整理された事柄から，問題点を焦点化できるようになっている。子供たちもどこに何が書かれるかを推測できる構造であると思考の活性化につながる。

Tips 2
ザワつきを生かす話し合い活動

　話し合い活動はどの教科でも行われているが，これまでうまく話し合いができている状況に立ち会ったことはほとんどない。どの学級でも「〜について話し合いましょう」という投げかけをし，よくて「発表してもらうので，〜という形でまとめましょう」というまとめ（表現）の形を支持する程度である。このような話し合いの場の設定だけでは，話し合えるようにならない。もちろん，「ザワつく」ことにもつながらない。子供たちは，「何を」「どのように」話し合ったらよいかを身につけてもらっていないからである。簡単に取り入れられるポイントを3つ示す。

❶話し合いのゴールを明示する

　まずは話し合いのゴールを明確に示すことである。子供たちは，どこまでを話し合ったらよいかわからないので，漠然と話し合うのみに終わってしまう。話し合いのゴールの形を4つ挙げておく。

　　・意見を出し合い，質問し合いましょう。
　　・意見を出し合って，1つにまとめましょう。
　　・出された意見を分類して，まとめましょう。
　　・出された意見を基に，〜についてグループの意見を考えましょう。

❷話し合いの結果をボード（紙）に3点でまとめ，発表する

　話し合いの後のグループ発表を使って話し合いを活性化するのである。まとめの形を3点の箇条書きとすることで，自然に話し合いが充実する。もちろん，これは❶とセットで行うと効果的であることはいうまでもない。

❸隣同士，ペアでの話し合いを多用する

　話し合いの基盤は，ペアでの話し合いでつくろう。発問への反応が今ひとつというときは，迷わず「隣の人と話し合ってみよう」と投げかける。いろんな気づきが生まれたり，考えをもつことができることが協働の「よさ」を感じ，「困ったら話し合う」という意識がつくられるのである。

ザワつく授業を助けるタブレット端末の活用

タブレット端末が導入されて，よく使われているのがミライシードやロイロノート・スクールなどだと思われるが，様々な教科や多様な学習活動を創造するうえで，Google Workspace の各種アプリは授業者のアイデアを実現しやすいものである。特に，Google Jamboard は優秀な思考ツールとして，稿者は使い倒している。Jamboard の道徳授業での活用法について２点を挙げて説明する。

❶自分の立ち位置を示す

右の２枚の Jamboard 画像はいずれも「いつわりのバイオリン」（中学校１年）のためのものである。道徳授業では，これまでにも自分の考えを数直線上にネームプレートを貼って，自分の立ち位置を明確にする

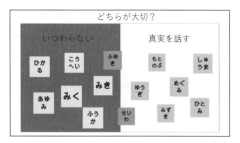

などの実践がされてきたが，それをタブレット端末で行うものである。もちろん Jamboard のワークシートでも数直線を使ってもよいが，ここでは色分けしたブロックのなかに自分の名前を付箋で貼るという形をとっている。時間短縮，一目瞭然のよさがあるし，考えの変更も表示しやすい。

❷考えを出し合い，話し合いのきっかけにする

Jamboard では，理由や自分の気持ちなどの短い文を付箋に書き共有することも簡単にできる。同じフレームをグループ数の分作っておけば，グループ活動も効率よく進む。話し合いのなかで，付箋の色や大きさを

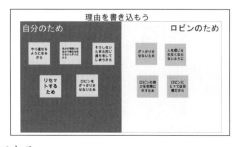

変えることができるのも便利な機能である。

Tips 4

ザワつきにつながる役割演技

　役割演技はよく行われているが，小学校低学年では子供たちが意欲的に取り組む反面，楽しむだけで終わってしまう。小学校高学年，中学校では恥ずかしがってやりたがらないというような課題がある。ザワつきにつながる役割演技にするための工夫を，役割演技の3つの形から紹介したい。

❶人物の気持ち，思いを共感的に理解する（自我関与を図る）役割演技

　小学校低学年などで人物の思いがわかりにくいときには，体を動かして実際に演じてみることで，「なるほど，そういう気持ちだったのか」と納得できるようになる。ただし，書いてあることをなぞらせるだけでは，そこに思考が働かない。「みそさざいはこういうふうに抜け出したのではないか」→「だとしたら，こんな気持ちだったのではないか」というように，考えなければならない場面設定をすることが重要である。

❷自分だったらどうするか問題解決的に考える役割演技

　主人公はこうしたが自分だったら……，ということを求めることは多い。そんなときに，発言や書くことで表現させることもよいが，役割演技を取り入れると，子供たちの細かな違いなどを見出すことにつながる。例えば，「お母さんのせいきゅう書」が目の前に置かれた場面で，自分だったらどうお母さんに話をするかを役割演技すると，どう謝るか，どう説明するのかなど，具体的な子供の考え方が明らかになり，その後の話し合いのきっかけとなる。

❸書かれていないことを創造的に取り入れる役割演技

　続き話的な学習場面で，自由に創作させたのでは議論がかみ合わないことが起きる。そこで，「ここまでの主人公の気持ちを基に」「そういう主人公だったらどうするかな」といった条件づけをすることで，同じ土俵上での多様性が確保される。例えば，「いつわりのバイオリン」で，直接会いに行ったら……と課題を設定し，グループごとに考えた役割演技をすると，何が悪かったのか，これからどうすべきかなど具体的に考え，表明する活動になる。

ザワつきを生む事前アンケート調査

　研究授業を行う際，事前アンケートを実施している学校が多い。なんのために実施しているのかわからない実践が多い一方で，うまく使っている授業もある。それは，「使い方」ではなく「調査結果」によって決まる。使える結果と使えない結果があり，歴然としている。では，どういう「調査結果」がよいのか。一言でいえば，「意外性がある」結果である。当たり前の結果を提示されても「なーんだ」と思うだけだが，意外性のある結果では，「なんで？」「そんなぁ」「変だぞ」といった驚きや疑いが生じる。それが学びへのモチベーションになるから，その後の話し合いにも熱が入るのである。

❶うまくいっていた事例（「かずやくんのなみだ」小学校１年）

　仲間はずれ（公平，公正，社会正義）をテーマにした授業である。事前アンケート調査での設問は次の①〜③である。

　①仲間はずれについてどう思いますか。②仲間はずれをしたことがありますか。③仲間はずれにされたことがありますか。どんな気持ちでしたか。

　導入時に結果が発表され，①の結果については，ほぼ無反応。続いて，②について「したことがある４人，したことがない25人」という結果にも，さほど驚かない。しかし，③について「仲間はずれにされたことがある」と答えた子供が半数以上の15名であることを知ると，「おかしい！」「されたことのある人が多いのに，している人がなんでそんなに少ないの？」「仲間はずれしてる人もっと多いはず」と騒然となった。ここから，子供たちにとって仲間はずれが自分事となり，授業は大いに盛り上がった。

　当初，稿者はグラフの読めない１年生でアンケート調査の結果を導入で使っても効果がないと考えていた。しかし，予想に反して，子供たちは見事に食いついたのである。この一件以来，何年生であっても，結果に意外性があり子供たちを刺激する情報であれば「使える」と考えるようになった。ぜひ，事前アンケートを授業で使うか使わないかは，結果で判断していただきたい。

Tips 6
ザワつきにつなげる教材提示

　以前は教材を区切って読むようなことは「邪道」とされることもあったが，教材の形態や提示の方法が多様になり，効果がある手法といってよいだろう。2つの教材で「ザワつく」道徳授業につながる教材提示の工夫を紹介する。

❶自我関与を生じさせ，自分事にする教材提示

　「すれちがい」（小学校5年）は，「えり子」と「よし子」の2人がピアノ教室に待ち合わせて行こうとする際に生じた「すれちがい」を，それぞれの不満を書いた日記（つまり，2編の文章）で構成している。通常は，2人の日記を連続的に読み，「どうしたらよかったのでしょう」などと発問する。しかし，そのような教材提示をすると，状況を全て理解し，「どっちもどっち」と思うようになり，「すれちがい」を切実な問題と感じなくなってしまう。

　そこで，稿者は，学級を半分に分け，それぞれ「えり子」と「よし子」とを提示し，「○○の方がよくない」と当事者の気持ちにさせてから，全文を読むようにする。そうすることで，子供たちの中に，釈然としない思い＝ザワつきが生まれ，「すれちがい」を自分事として考えるのである。

❷結末を考えながら，問題の本質に迫る教材提示

　「カーテンの向こう」（中学校1〜3年）は，イスラエルの死を待つ人用の病室にいる，「私」とヤコブの確執を描いた物語である。「カーテンの向こう」の外を見られる特権は窓際のベッドの人のもので，「私」はヤコブが死ねば，次は……と思うほどうらやんでいる。物語に沿って読んでいくと，「私」がうらやむのも無理はないと共感するのだが，結末「カーテンの向こうは，なんと冷たいレンガの壁だった」を読んでしまうと，ヤコブの皆への思いやりに心打たれ，「私」は一気に悪役になってしまう。そこで，最後の一行を隠しておく工夫をする。すると，「私」の気持ちを汲み取りながら，そこまでの思いやりについて考えることができる。そして，最終行を読み，ギャップを感じながら，思いやりの形について考えることになるのである。

ザワついた授業の閉じ方

　他教科は何時間もかけて１つのテーマに迫るのに対して，道徳科はほぼ１時間で１つのテーマについての学習が収束し終わってしまう。だから，この時間を終えるに当たって，しっかりまとめておかなければという意識が強く働く。だからといって，強引にまとめをしてもよいということはない。そもそも「押しつけない」ことと「考え議論する」ことは同義に近いものであろうから，せっかく考え議論させたものを，教師の押しつけっぽい一言でまとめてしまったら，台無しである。

　どうしたら，押しつけ的な終末にならないか，授業の閉じ方を紹介する。

❶振り返り，まとめの書かせ方

　形としては，「振り返り＋まとめ」になるようなものを書く活動がベストだと考える。書かせ方については，構えないで書くような設定が重要である。例えば，「思いやり」の授業で，「思いやりについて考えたことを書きましょう」というと，「人に思いやりをもって接するやさしい人になりたい」と書くようになる。そこで，「今日の授業で思ったこと，考えたことを書きましょう」とすると，建前にとらわれずに１時間の中での自分の考えの変化などを書くようになる。「何を書かせるか」はどの教師でも同じだが，「どう書かせるか」で差がつくのである。

❷教師の説話はあった方がよいか

　「道徳の時間」の時代には，道徳授業の終末は必ず「説話」と決まっていた（くらいみな説話だった）。だが，残念なことに，説話はありがたすぎる。ありがたいというのは，「こうしなさい」という行動規範を子供に示していることなのである。どうしても説話（先生のお話）をしたい方は，ぜひオープンエンドなものにしたらどうか。「今日の授業で……するか，……するかで話し合ったけれど，自分の生活の中でどうするのがよいか考えながら過ごしてみてください」のように。そうすると，引き続き子供は考えるようになる。

おわりに

　私が小学校の教壇に立って早10年が経ちました。10年前，初任者の私が特に痛感したことがあります。それは，「道徳の授業は難しい」ということです。子供たちは，道徳の教科書（10年前は「副読本」でした）に載っている話が大好きでした。非常に楽しんで読みます。朝読書の時間に道徳の教科書を読む子もいたほどでした。授業でも，私が読み聞かせる段階までは興味津々です。しかし，いざ私が指導書通りの発問をすると，子供たちのさっきまでの姿はどこへやら，すっかり興味を失ってしまったように見えるのです。発言もほとんど出ませんでした。「指導書通りに発問をしているのになぜ？」と当時の私は疑問をもちましたが，子供たちは正直なものです。私の発問に対して考えを言おうと挙手する子は本当に数人しかおらず，他の子は机の上に突っ伏したり，違う話を読んだりしていることもありました。

　それから，「教科書（副読本）が悪いのではないか」と責任転嫁していた私は，教科書を用いない，オリジナル教材での実践を追試したり開発したりすることに力を入れていました。しかし，2018年度から道徳が教科化され，副読本が教科書へと格上げになりました。これは，いよいよ目を背けずに教科書を効果的に使った道徳授業をつくれるようになっていかなくてはいけないな，と私は危機感を覚えていました。そうでないと，初任者のときの二の舞になる，と。そんな折，恩師石丸憲一先生の「ザワつく」道徳授業のご提案に出会いました。教材の内容を，「わかりきっていること」と「問題の本質」とに分けて分析し，「問題の本質」について子供たちに考えさせ議論させていくというご主張は至極シンプルかつ本質的です。いつも物事の本質を見抜き平易な言葉で語られる，石丸先生を体現するかのようなご主張でした。

　さて，石丸先生から道徳授業づくりの観点を頂いてからの私の道徳授業は一変しました。「わかりきったこと」を子供たちに考えさせず，子供たちが問題に思っていることと正対させるので，比較にならないほど真剣に考えるのです。発問をした瞬間の，子供たちの表情が違いました。「わかりきった

こと」を聞いていたときは，「やっぱりね……」とか「こう言えばいいんで
しょう？」というような飽き飽きした表情，雰囲気でした。一方，「わかり
きったこと」を聞かず，「問題の本質」について発問したときは，「そうきた
か……」「うーん……」と，少し意外だけれど考えてみたいというような表
情，雰囲気でした。言葉で言い表すのはなんとも難しいのですが，文字通り
「ザワつく」感じなのです。ぜひ読者の先生方も実践し，日本中の子供をザ
ワつかせていただければと思います。

　私が石丸先生と出会って早16年が経ちました。私は，大学卒業後は漠然と
「一旦社会に出て働こう」と思っていました。教師はいつでもなれるだろう，
社会に出て働いてからでも遅くはないだろうと，甘く考えていました。しか
し，石丸先生と出会い，教職の愉しみや奥深さを知り，「すぐに教師になろ
う」と決意したのでした。つまり，先生の姿，存在が私の心を「ザワつ」か
せたのです。いや，これは人生を左右するような大きな選択であったので，
「ザワつく」なんてものではなく，「台風」であったといった方が正確かもし
れませんが。

　そんな石丸先生と本を出させていただくことは，私の長年の夢でした。ま
さか道徳の本になるとは思いませんでしたが，全て私の糧となります。もっ
と幅を広げていけとのご指導と受け取り，全力で書かせていただきました。
ありがとうございました。今後もご指導よろしくお願いいたします。

　結びに，本書出版に際してもいつも通りあたたかく見守ってくださった木
山麻衣子さんに御礼申し上げます。ありがとうございました。

2023年5月

土居正博

【著者紹介】（＊は執筆箇所）

石丸　憲一（いしまる　けんいち）
創価大学大学院教職研究科教授。兵庫教育大学大学院修了。
主な著書に『小学校国語科　考えの形成を促す文学の発問・授業モデル』『Chromebook でつくる小学校国語の授業』『ルーブリック評価を取り入れた道徳科授業のアクティブラーニング』（いずれも明治図書）がある。
＊第1章，第2章，第3章1・2，第4章「なんでそんなことができるの？型」，「よく考えると，それっておかしくない？型」，「すごすぎて自分とは関係ないかもね型」3，「わかっているけど，できないんだ型」3，「どうしたらいいの？型」1，第5章

土居　正博（どい　まさひろ）
川崎市公立小学校教諭。創価大学教職大学院修了。
主な著書に『クラス全員が熱心に取り組む！漢字指導法』『クラス全員のやる気が高まる！音読指導法』（いずれも明治図書）などがある。
＊第3章3・4・5，第4章「すごすぎて自分とは関係ないかもね型」1・2，「わかっているけど，できないんだ型」1・2，「どうしたらいいの？型」2・3

道徳科授業サポートBOOKS
「ザワつく」道徳授業のすすめ
「問題の本質」を見極めるとうまくいく！

2023年6月初版第1刷刊 2024年1月初版第4刷刊	©著　者	石　丸　憲　一 土　居　正　博

発行者　藤　原　光　政
発行所　明治図書出版株式会社
http://www.meijitosho.co.jp
（企画）木山麻衣子（校正）丹治梨奈
〒114-0023　東京都北区滝野川7-46-1
振替00160-5-151318　電話03(5907)6702
ご注文窓口　電話03(5907)6668

＊検印省略　　　　組版所　長野印刷商工株式会社

Printed in Japan　　　　ISBN978-4-18-211225-6
もれなくクーポンがもらえる！読者アンケートはこちらから　→